Wolfgang Günter Lerch
Aus meinen persischen Papiere

Wolfgang Günter Lerch

Aus meinen persischen Papieren

Eine persönliche Kulturgeschichte Irans

Umschlagabbildung: © Verlag Frank & Timme

ISBN 978-3-7329-0759-5
ISBN E-Book 978-3-7329-9206-5

Herstellung durch Frank & Timme GmbH,
Wittelsbacherstraße 27a, 10707 Berlin.
Printed in Germany.
Gedruckt auf säurefreiem, alterungsbeständigem Papier.

www.frank-timme.de

Für Josef van Ess, in Verehrung

Inhaltsverzeichnis

Ich bin stolz darauf, ein Perser zu sein.
(Heinrich Heine)

Ahura Mazda verlieh mir Beistand.
(Kyros der Große)

Erste Schritte in den Garten

Gärten und die Gartenkunst bringt man heutigentags besonders mit England zusammen. Doch beides, der Garten und die Kunst, ihn anzulegen und zu pflegen, stammen aus dem Orient. Die Hängenden Gärten der Semiramis, eines der sieben Weltwunder der Antike, weisen nach Babylon, der biblische Garten Eden in den Süden des Zweistromlandes (da sind wir schon ganz nah an Persien), doch das Paradies, das wir uns – ob biblisch oder koranisch oder sogar atheistisch – nicht anders vorstellen können denn als einen üppigen Garten, ist persischen Ursprungs. Auch unser Wort „Paradies".

Im Folgenden werden wir auch das Land der Rosen und der Nachtigallen nicht als Paradies beschreiben können, weil solches gar nicht möglich, viel weniger noch realistisch ist. Aber als einen Garten können wir es uns schon vorstellen – nicht allein im wörtlichen Sinne, als eine Gegend, in der der Pflege von Gärten traditionell eine große Bedeutung zukommt, sondern auch metaphorisch.

Gegenwärtig hat Iran, das uralte Kulturland Persien, keine gute Presse. Die islamische Revolution hat dem Land zwar eine neue Unabhängigkeit von großen Mächten eingebracht, sonst jedoch nicht die Erwartungen erfüllt, die damals, vor mehr als vierzig Jahren, von vielen gehegt worden waren. Die Armen, in deren Namen die Revolution gemacht wurde, sind noch immer arm. Die Wirtschaft liegt darnieder – und zwar keineswegs nur wegen der Sanktionen. Revolutionsgardisten, führende Mullahs und Kaufmanns-Familien haben das Land fest im Griff, alle Versuche, dieses Regiment abzuschütteln, sind bisher gescheitert. Allenfalls Schwankungen zwischen Repression und größerer Liberalität sind zu beobachten. Millionen von Persern sind im ausländischen Exil, in Amerika, Frankreich, England oder Deutschland.

Dies freilich ändert nichts daran, dass das Land auf fast dreitausend Jahre Hochkultur zurückblickt, von den Medern und Achaimeniden angefangen über die Parther und Sassaniden bis zu den islamischen Reichen und Dynastien des „Mittelalters", der Neuzeit und hin zu unserer Gegenwart.

Der persische Garten hat wunderbare Blüten getrieben, solche der Literatur und Dichtung, des philosophischen Denkens, der Mystik – wie überhaupt der Religion, die bei uns im Westen noch weitgehend unbekannt sind, sieht man einmal von Ausnahmen wie Goethe oder Edward Fitzgeralds Vermittlertätigkeit in der Literatur ab.

Diese Blüten möchte ich vorstellen – anhand meiner persischen Papiere. Das sind private Aufzeichnungen von Reisen, beruflich bedingte Notizen und Artikel, die ich für das große Weltblatt in Frankfurt verfasste, bis hin zu Grammatiken und Anthologien, mit deren Hilfe ich das Fârsi, die persische Sprache, erlernte. Einige Namen und Begriffe, etwa den islamischen Propheten Mohammed, schreibe ich, wie es in unserer Sprache üblich ist. Persische Namen und Begriffe gebe ich entlang der persischen Aussprache und Namengebung wieder, also „Mohammad" oder „Abdollâh", statt Muhammad und Abdullâh. Einige arabische Namen und Termini werden hingegen nach der hocharabischen Vokalisation wiedergegeben, allerdings nicht nach der wissenschaftlichen Transkription. Die emphatischen Laute des Arabischen z. B. sagen dem Laien nichts, und sie werden im Persischen auch nicht „arabisch" artikuliert. Der Zirkumflex auf Vokalen ist ein Hinweis darauf, dass der Vokal gelängt wird. Die Namen persischer Städte werden einmal in der bei uns verwendeten Form geschrieben, aber auch nach der persischen Aussprache und Schreibweise. Die Religionsgelehrten erscheinen in der international gebräuchlichen Umschrift als „Mullahs". Nur den berühmten Philosophen Mullah Sadr od-Dîn-e Schîrâzî schreibe ich als Mollâ Sadrâ. Die beiden Namen „Persien" und „Iran" verwende ich gleichberechtigt, sie sind auch ungefähr gleich altehrwürdig. Im Deutschen ist es Brauch, die allermeisten Länderbezeichnungen ohne bestimmten Artikel zu verwenden – anders als im Französischen. Also heißt es „in Persien" und „in Iran", wie „in Deutschland", keinesfalls „im Iran".

Persische Impressionen

Eine Aufzeichnung

Wer in Iran, dem alten Land Persien, reist, kommt an der Hauptstadt Teheran natürlich nicht vorbei. Das ist auch gut so; denn es ist immer nützlich und lehrreich, das Zentrum eines Landes zu besuchen, wo Regierung und Verwaltung angesiedelt sind und wo der Lebensstil im Allgemeinen von größerer Urbanität geprägt wird als auf dem flachen Lande.

Zum ersten Mal war ich im Jahr 1970 in Teheran. Dies scheint von heute Welten weit entfernt zu sein, und doch hatte ich damals schon das Gefühl, mich in einem Moloch von Stadt aufzuhalten. Noch waren wir nicht mit dem Flugzeug gekommen, wie später so oft, sondern mit dem Bus über Land – aus der Türkei über Bâzargân, Mâkû, Cho'i, Täbris und Ghazwin. Teheran war längst Millionenstadt, doch verglichen mit unseren Tagen noch überschaubar. Jetzt, da diese Zeilen niedergeschrieben werden, leben wenigstes zehn, wenn nicht zwölf Millionen Menschen dort. Dass es die Hauptstadt eines islamischen Landes ist, sieht man übrigens nicht auf den ersten Blick: Teherans Silhouette wird, anders als bei Kairo, Damaskus oder gar Istanbul, nicht von einer Reihe von Kuppeln oder einem Wald von Minaretten geprägt, die sich hoch in den orientalischen Himmel recken. Man bemerkt diese erst, wenn man die Stadt als Fußgänger durchstreift und bestimmte Moscheen und Heiligtümer aufsucht.

Teheran zerfällt in zwei große Teile, die ihrerseits etwas Typisches über das ganze Land aussagen. Wie ein riesiger Pfannkuchen schmiegt sich die Stadt an die Erde, ergießt sich von den südlichen Ausläufern des Alborz-Gebirges, das sich im heiligen Berg Demawend bis auf mehr als 5600 Meter Höhe aufschwingt, hinab in die Ebene der Dascht-e Kawîr, der großen Salzwüste, die schon am Stadtrand beginnt. Die nördlichen Stadtteile liegen 2000 Meter hoch, die südlichen 800 Meter. Das Gefälle beträgt also 1200 Meter.

Im Norden, wo die Vermögenden und Reichen leben, ist es kühler, im Süden, den Stadtteilen der Armen, herrscht im Sommer eine kaum erträgliche brütende und staubige Hitze. So spiegelt die Hauptstadt etwas vom geographischen und auch sozialen Charakter des Landes wider. Zwei Drittel seiner riesigen Fläche sind Wüsten, ein Drittel bebaubar oder gar, wie ganz im Norden und am Südufer des Kaspischen Meeres, das auf Persisch Daryâ-ye Chazar heißt, „Meer der Chasaren", üppiges Fruchtland. Die Schnittstelle zwischen dem Norden und dem Süden der Stadt ist Râh-e âhan, der Hauptbahnhof, dort beginnen die südlichen Stadtteile. Doch auch der Große Basar – ein Wort, das wir aus dem Persischen übernommen haben – liegt schon in der Mitte. Seine Mitte ist die Haupt-Moschee, die damals noch dem Schah zubenannt war. Heute heißt fast alles nach Chomeinî oder dem „Emâm", als welcher er angesehen wird. Schon damals verstand ich, dass der Große Basar und dass die Basar-Händler insgesamt das Schicksal des Landes bestimmen. Solange die Basaris auf ihre Kosten kommen, die mit vielen der herrschenden Mullahs und deren Familien eng verbunden sind, und solange die Revolutionsgardisten als Prätorianer-Garde davon profitieren, wird die iranische „Mullahkratie" erhalten bleiben.

Der Schah Mohammad Rezâ Pahlawî saß damals noch fest auf dem Pfauenthron, den einer seiner zahlreichen Vorgänger, Nâder Schah, den Mogulherrschern geraubt hatte. Die Avenue Pahlawî zog sich vom Norden Teherans bis in den Süden durch die Stadt, und sie sollte noch neun Jahre lang so heißen. Niemand ahnte, dass dann seine Herrschaft fast klang- und sanglos enden würde. Iran war eng mit dem Westen, mit Israel und auch dem Apartheid-Südafrika verbunden; zwar gab es eine Opposition in Gestalt der Nationalen Front, der die Politik des Schahs nicht nationalistisch genug war, und der kommunistischen Tudeh-Partei, die die Sowjetunion als Verbündeten hatte, doch gewann man den Eindruck, trotz aller Kritik sei der Schah gerade beim einfachen Volk nicht unpopulär. Eine religiöse Opposition steckte noch in den Kinderschuhen. Sie bestand aus „Klerikern", wie Ajatollâh Chomeinî, der im Exil im Irak war, und seinen Anhängern sowie aus linken, auch marxistisch argumentierenden Muslimen, die den Schiismus, wie etwa Ali Schari'atî, linkslastig gesellschaftspolitisch aufbereiteten. Sie wurden unterdrückt und verfolgt, der Schah hatte, wie auch sein Vater Rezâ Schah (zuvor Rezâ Khan) den Einfluss des Islam nach dem Vorbild Kemal Atatürks in der Türkei beschnitten, allerdings weitaus weniger als dieser; bei meinem ersten Besuch Teherans feierte man gerade den Geburtstag eines der Imame der Schiiten, die Leute hatten frei, gingen in die Moscheen, und man hatte nicht den Eindruck, dass es verboten war, ein frommer Muslim zu sein. Anzeichen für eine Verwestlichung waren freilich deutlich sichtbar.

Der Schah war arrogant und ein Autokrat, seine Familie durchaus korrupt. Dies allerdings galt für die gesamte Region zwischen Marokko und Pakistan. Ja, es gilt bis heute. Seine Reformen waren nicht alle gelungen, manche sogar Augenwischerei. Dennoch hatte Iran unter den beiden Pahlawîs einen Modernisierungsschub ohnegleichen erlebt, immer verglichen mit den Zuständen unter den letzten Qâdschâren. Jene Mullahs, die unter Chomeinîs Führung dann die Macht ergriffen, hatten denn auch weniger an der Autokratie (das glaubte man nur im Westen) als vielmehr an der Verwestlichung (gharbzâdegî) auszusetzen, die ihnen zutiefst zuwider war, und am guten Verhältnis Irans zu Israel, das allerdings ganz auf der Linie der bisherigen Geschichte Persiens lag.

*

Acht Jahre später fand ich Teheran in fiebriger Stimmung vor. Die Demonstrationen auf dem Dschâleh-Platz waren niedergeschlagen worden. Teheran sah moderner und noch westlicher aus. Neben den Frauen im traditionellen Tschador, vor allem im Süden Teherans, sah man junge Frauen und Mädchen im damals modernen westlichen Minirock. Ich wohnte ziemlich weit im Norden, im Hilton Hotel. Der deutsche Botschafter Ritzel beschrieb die Stimmung ebenfalls als fiebrig, das war auch mit Händen zu greifen. Doch konnte er sich nicht vorstellen, dass der Schah fallen würde. Die Amerikaner würden ihn aus geostrategischen Gründen stützen, auch seien nicht alle Iraner von den islamischen Utopien Ajatollâh Chomeinîs begeistert.

Das war eine Fehleinschätzung, wie man erfuhr, wenn man in die Provinz fuhr. Das tat ich. Ich war nun beruflich unterwegs.

Auf dem Weg in den Süden passierten wir zunächst das Heiligtum von Scheich Abdol Asîm. Nach eineinhalb Stunden war Ghom erreicht. Hier erfuhr ich zum ersten Mal, was es heißt, in einer schiitischen Pilgerstadt zu sein. In Ghom dreht sich alles um den Schrein der Fâteme-ye ma'sûmeh, der sündenreinen Fatima, die die Schwester des achten Emâm, Rezâ, gewesen war und hier begraben liegt. Hier war nicht mehr Teheran, sondern etwas ganz Anderes. Der Bruder, den die Schiiten eben als ihren achten Imam von Zwölfen verehren, liegt in Maschhad begraben, ganz im Osten Irans.

Nahe dem Heiligtum aß ich ein Tschelo Kabâb, gegrilltes Fleisch mit Reis. Dann versuchte ich, wenigstens in den Vorhof des Heiligtums zu gelangen, doch hätte ich auch den Plan fassen können, den heiligen Gral zu finden. Am bewachten Eingang murmelte ich die Basmala und begann mit der arabischen Rezitation des Anfangs der Sure al-Fâtiha. Doch es war vergebens. Meine Behauptung, ich sei ein Muslim aus Bosnien, verfing nicht. Dass ich unverrichteter Dinge umkehren musste, überraschte mich nicht, im Stillen hatte ich damit gerechnet.

Der Wirt des Restaurants, in dem ich soeben gegessen hatte, hatte immerhin ein Einsehen und führte mich, nachdem ich ihm erklärt hatte, wer ich sei, auf die Dachterrasse seines Lokals. Von dort konnte ich Einblick nehmen in den geräumigen, von Pilgern erfüllten Vorhof des Schreins, sah die kostbaren abstrakten Mosaiken im Eiwân der heiligen Moschee und die Spiegelarbeit, die das göttliche Licht vergegenwärtigen soll.

Dann fuhr der Bus weiter. Am späten Nachmittag erreichten wir Isfahan. Doch darüber später.

*

Wenn man sich Persien von Westen her nähert, fährt man durch die Provinz Aserbeidschan. Das Gelände ist gebirgig, doch mehr oder weniger breite Täler fungierten immer als Verkehrswege. Über Mâkû und Cho'î erreicht man Täbris (Tabrîz), die Hauptstadt dieser nordwest-iranischen Provinz. Die Stadt hatte ihre große Zeit unter den Seldschuken und Mongolen. Der Ark, die Burg, überragt nach allen Seiten sichtbar, das Zentrum.

Aserbaidschan – das ist die antike Atropatene, das Land der Feuertempel der uralten zarathustrischen Religion. Sie hat ganz Iran geprägt und tut es noch heute, verborgen auch unter dem Schild des schiitischen Islams. Ihm hängen auch die Azeris an, die eigentlich türkischen Ursprungs sind, sich jedoch durch das Schiitentum von ihren Brüdern in der Türkei unterscheiden. Diese sind mehrheitlich Sunniten. Das Azeri ist eine eigenständige Turksprache, unterscheidet sich freilich nur wenig von den in der Osttürkei gesprochenen Dialekten. Eine Verständigung zwischen Türken und Azeris breitet kaum Schwierigkeiten. Viele Millionen Türken leben in Iran, und man begreift, dass auch dieses Land ein Vielvölkerstaat ist. Die kleinere Hälfte des Azeri-Volkes lebt im heutigen Aserbaidschan, das früher als Sowjetrepublik zur Sowjetunion gehört hatte, nun aber unabhängig ist. Dessen Hauptstadt ist Baku, am Kaspischen Meer gelegen. So sind auch die Aserbaidschaner ein geteiltes Volk und Land. Immer haben sich Türken und Perser, später dann die Russen als Herrscher abgewechselt. Bis zum Vordringen der Russen nach Süden hatten die persischen Schahs bis nach Derbend hinauf weit jenseits des Kaukasus geherrscht, und zwischen 1828 und 1829 scheiterte der Versuch des damaligen Kronprinzen Abbâs Mîrzâ, diese Gebiete den Russen wieder zu entreißen. Das sind Epochen der Geschichte, die wir in unserem Mitteleuropa gar nicht kennen. Im Vertrag von Turkomântschai musste Persien endgültig auf die transkaspischen Gebiete verzichten, doch Russen und Türken (Osmanen) stritten weiter um sie.

Über Ghazwîn, das zur Zeit der Safawiden auch einmal Hauptstadt von ganz Iran war, erreicht man schließlich Teheran, das erst unter den Qâdschâren zur Hauptstadt wurde.

*

Wir sind am Morgen in Teheran aufgebrochen. Nun erklimmt der Überlandbus die steilen Aufschwünge des Alborz. Felsen und Schründe breiten sich vor uns aus, umspielen das Asphaltband, das sich schlangengleich in die Höhe windet. Braun und beige und kahl zeichnen sich die Berge vor dem strahlend blauen Himmel ab. Viele Kilometer weit gleitet der Blick über die hinter uns liegende Ebene, bis sie allmählich im Wüstendunst verschwimmt. Hinter uns nur flacher Horizont. Es geht immer weiter in die Höhe. Plötzlich eine Ansiedlung, verstreute Rasthäuser und – Skilifte. Wir sind auf dem Gipfel der Bergkette angelangt, dort, wo die Teheraner Society im Winter den Freuden der kalten Jahreszeit frönt.

Dann, hinter Paran, geht es ebenso steil abwärts, und die Landschaft ändert sich abrupt. Wie mit einem Rasiermesser abgeschnitten erscheint das Grün auf der Bildfläche. Schon vor Bâbol erreicht man Wälder, Bäume dicht an dicht, die Luft wird feucht – welch ein Unterschied zu dem trockenen Teheran! In Bâbolsar, das wir wenig später erreichen, weitet sich abermals der Blick bis zum Horizont. Es ist das Kaspische Meer, der größte Binnensee der Erde.

Die Provinzen Mâzanderân und Gilân, an den nördlichen und nordwestlichen Stränden des riesigen „Meeres" gelegen und weit in dessen Hinterland reichend, sind die fruchtbarsten und üppigsten Regionen des Landes. Hier gibt es Dschungel, hier wird Reis angepflanzt, hier wachsen Blumen und Gemüse, die es anderswo im Lande Iran nicht gibt. Links und rechts der Straße wird Reis zum Trocknen ausgelegt. Wir sind in den Tropen.

Über dem riesigen Kaspischen Meer ist die Verdunstung so stark, dass Regenfälle die Region zu einem Garten Eden machen.

Und den Garten Eden, das Paradies, verdanken wir ja auch der persischen Sprache. Das griechische „paradeisos" kommt von „pardaesha", was im Alt-Persischen den üppigen Garten meint, das Äquivalent für reiches, fülliges Leben und Glück. In zarathustrischer Zeit stand es für den prall gefüllten Rinderpferch.

*

Schiras (Schirâz), die Stadt der Rosen und der Nachtigallen, betritt man durch das Allahu Akbar-Tor. Gott ist groß, ist größer. Leicht abwärts, wenn man von Norden, von Isfahan kommt, führt die Straße direkt in das Zentrum der lebendigen Stadt hinein. Wie fast alle iranischen Städte ist auch Schiras ein Pilgerzentrum, gedeiht das religiöse Leben dort und bringt auch die dazugehörigen Einnahmen in die Stadt; doch gilt dies noch in einem anderen Sinne: Schiras ist das persische Weimar. Wie die deutsche Sprache, Dichtung und Kultur in dem kleinen Ort an der Ilm verortet sind, dank Goethe, Schiller, Wieland und vieler anderer Geistesgrößen, so gilt dies für Schiras und Persien. Zusammen mit Isfahan bildete die Stadt seit etwa tausend Jahren einen Brennpunkt persischen Geisteslebens, der nicht nur Sufis eine Heimat bot, sondern auch Denkern und Dichtern.

Ziel der Schiraser Pilger sind die Ruhe- und Gedenkstätten für Hafis und Saadi. Das sind Scheich Mosleh od-Dîn-e Sa'dî und Mohammad Schams od-Dîn-e Hâfez. Scheich Saadis klassische Werke sind der „Golestân" („Der Rosengarten") und der „Bostân" („Duftgarten"), belehrende Stücke Poesie, in denen Verse und Prosa ineinander verschlungen sind, Hafis ist jener „Zwillingsbruder Goethes" – Originalton Goethe –, dessen Diwan (Sammlung lyrischer Gedichte) den deutschen „Olympier" begeisterte und ihn zur Dichtung seines „West-östlichen Diwans" anregte. Doch auch darüber später. Beide Dichter lebten zu einer Zeit, die wir als Mittelalter bezeichnen, und sind in Iran doch so populär und auch aktuell wie immer.

Man kann die von steinernen Baldachinen überwölbten Gräber nicht aufsuchen, ohne der Blumen gewahr zu werden, die von Verehrern der Dichtung tagtäglich dort abgelegt werden. Auch Persien ist eben ein Land der Dichter und Denker, und viele Perser fühlen eine große Verwandtschaft zur deutschen Kultur und den Deutschen. Man weiß dort auch, welchen Beitrag deutsche Gelehrte bei der Erforschung der persischen Kultur geleistet haben. Das reicht von dem genialen Entzifferer der altpersischen, achaimenidischen Keilschrift Georg Friedrich Grotefend bis zu Gelehrten wie Bertold Spuler oder Christian Rempis, dem liebenswürdigen Tübinger Iranisten und Übersetzter der Vierzeiler des Omar Chayyâm. Doch auch darüber später.

Schiras hat jedoch noch eine tieferreichende Bedeutung, nicht allein für Iran, sondern für die gesamte Weltgeschichte und -kultur. Denn es ist das Zentrum der antiken Provinz Fars, die – unter der altgriechischen Bezeichnung „Persis" – dem Land in Europa seinen Namen gegeben hat. Persien – das ist eigentlich nur die Region der antiken Persis, die freilich zum Zentrum und zur Mitte des Reiches der Achaimeniden avanciert war. So kann man heute von Schiras aus auch jene Region erkunden, in welcher die bekannten Großkönige Kyros, Xerxes, Dareios und Artaxerxes geherrscht hatten. Wir kennen sie aus der Geschichte der Perserkriege und Alexanders des Großen, der im Jahrhundert nach ihnen gewissermaßen als der makedonische Racheengel der Griechen in der Persis auftauchte und das Reich der Achaimeniden endgültig zerstörte.

Sowohl Pasargadae, die alte Hauptstadt der antiken Perser, als auch Persepolis, die offizielle und prachtvolle Residenz ihrer Herrscher, erreicht man am besten von Schiras aus. Völlig einsam und verlassen ragt das schmucklose Grab des Kyros aus der Erde empor. Niemand, der dieses einfache, von einer steinernen Halbkuppel bedeckte Kenotaph sieht, käme auf den Gedanken, dass hier einer der ganz Großen der Weltgeschichte bestattet liegt. Denn Kûrosch-e

Kabîr, wie die Perser ihn nennen, begründete nach seinem Sieg über die Meder das Persische Weltreich. Es war tatsächlich das erste Weltreich der Geschichte, das sich auf drei Kontinenten erstreckte: Asien, Europa und – nach der Eroberung Ägyptens unter Kambyses (Kambudschia) – auch Afrika.

Einen ganz anderen, geradezu gegenteiligen Eindruck erweckt hingegen Persepolis, die eigentliche Residenz der Großkönige. Der Name stammt wieder von den Griechen – den Erbfeinden der Perser – Stadt der Perser, der Parsa. Auf Farsi heißt der Platz jedoch Tacht-e Dschamschîd, Thron des Dschamschîd, eines legendären Königs, der die Mythologie und Dichtung nicht nur Irans, sondern aller von persischer Kultur durchdrungener Völker und Reiche geprägt hat. Selbst bei den mystischen Poeten der Osmanen kommt er vor – als jene Gestalt, die einen Becher, ein Glas, zum Eigentum hat, in dem der beschauliche Geist die Geheimnisse der Welt betrachten kann, wie in einem Spiegel oder Brennglas. Ein Zauberglas, das die Welt in einem wunderbaren, verwandelten Zustand präsentiert.

Während ich über das Gelände schweife, kommen mir jene Reisenden in den Sinn, die den Ort schon vor Jahrhunderten aufgesucht haben: Pietro della Valle, Tavernier, Chardin, Kaempfer, Niebuhr, Pierre Loti, Annemarie Schwarzenbach und viele andere. Sie empfanden und beschrieben das riesige Gelände der Residenz als ein einziges Wunder – und das war es auch. Selbst im halbzerstörten Zustand von heute ist die Anlage beeindruckend. Wie muss sie gewesen sein, als Alexander der Große hier mit seinen Makedonen eintraf, um sich als legitimer Nachfolger des Dareios zu gerieren? Man muss sich die Rekonstruktionen vor Augen halten, welche die Archäologen vorgenommen haben. Und alles auch noch in Farbe.

Leider verhielt sich der „Verwandler der Welt“ am Thron des Dschamschîd unangemessen, seiner unwürdig, denn wie man weiß, warf er im Trunk die Brandfackel in den Apadana, die prunkvolle Empfangshalle, den Thronsaal von Persepolis. Den Rest zerstörte der Zahn der Zeit, und, wie immer, verwendete die Einwohnerschaft des nahegelegenen Ortes die Steine auch zu eigenen Zwecken. Dennoch kommt man aus dem Staunen nicht heraus: Was übrig blieb an Säulen und Mauern, vor allem an Reliefs, ist beeindruckend genug. An den flachen Treppenaufgängen werden die Wände von Reliefs geziert, auf welchen man die Garde der Zehntausend Unsterblichen bewundern kann, die die Leibgarde des Großkönigs stellten. Es sind männliche, entschlossene Gesichter mit dem sozusagen „klassischen" persischen Profil. Noch die Elitetruppe des letzten Schahs Mohammad Rezâ Pahlawî hat man mit jenen antiken persischen Unsterblichen verglichen. Sie konnten dessen Sturz freilich ebenso wenig verhindern wie ihre altpersischen Vorläufer den Sturz der Achaimeniden. All diese Bilder hatte ich bereits Jahre zuvor in Geschichtswerken gesehen, doch nun, an Ort und Stelle, waren sie doppelt und dreifach eindrücklich.

Das altpersische Reich hat in der Sicht der Historiker an Ansehen gewonnen. Niemand sieht heute mehr in ihnen, wie Aischylos, der große griechische Dramatiker, oder Aristoteles, der große Philosoph und Lehrer Alexanders, Barbaren. Sie waren höchst kultiviert, ihr höfisches Leben voller Grandezza. Ihre Herrscher, von denen vier im nahegelegenen Naghsch-e Rostam – den „Abbildungen Rostams" (wieder eine legendäre Figur) – bestattet liegen, geboten über einen Vielvölkerstaat, der sich von Kleinasien im Westen bis nach Baktrien im Osten und Transoxanien im Norden erstreckte. Ihre religiöse Toleranz war groß und ihre Verwaltungs-Hierarchie durchlässig. Zwar waren die Satrapen von der Zentralmacht abhängig, doch genossen sie andererseits ein hohes Maß von Autonomie.

Den großen Alexander unterschied von anderen bedeutenden Heerführern der Weltgeschichte nicht nur seine visionäre Kühnheit, sondern auch sein geistiger Horizont. Er gründete nicht nur zahlreiche Städte im Orient, die teilweise noch heute blühen, sondern er führte auch das Griechentum und die persische Kultur zusammen: Ohne Alexander kein Hellenismus. Droysen hat das schon sehr gut beschrieben.

Das sehen im Übrigen auch die Perser so. Obwohl der Makedone ihr altes Land eroberte, gilt er bei ihnen als Held, und vor allem der persische Islam, obwohl beileibe nicht nur er, hat Alexander als Iskandar oder Sikander sozusagen eingemeindet. In allen islamischen Sprachen wird Alexander „bedichtet" und gilt durchaus als Gewächs der eigenen orientalisch-islamischen Kultur. Jeder Iraner kennt das „Iskandar-nâme" des großen Dichters Nezâmî, das Alexander-Buch mit seinen vielen Versen. Mit Hilfe einer fantastischen Aitiologie, einer legendenhaften Begründung, die ihn zum Halb-Perser machte, wurde er zum Landsmann und Idol auch der persischen klassischen Literatur.

Das „revolutionäre“ Iran von heute, die sogenannte islamische Republik, ist ebenso stolz auf die mehr als 2500-jährige iranische Kultur, wenn dies alles auch den herrschenden Mullahs weniger bedeuten mag als den ausgesprochenen Nationalisten, denen hinwiederum der Islam nicht so wichtig ist. Der größte Autor des 20. Jahrhunderts etwa, Sâdegh Hedâyat, war kein Freund des Islam, dafür umso mehr der altpersischen Kultur. Doch auch die dezidiert muslimisch gesinnten Perser wissen, dass sie zu den ältesten Kulturvölkern der Welt gehören und sind stolz darauf. Ich habe das sogar in Persepolis erfahren, als ich im Ort ein Teehaus aufsuchte. Zumal als Deutscher wird man besonders herzlich empfangen, man empfindet eine gewisse Verwandtschaft zwischen dem persischen und dem deutschen Genius, auf die man auch immer wieder angesprochen wird. Unter Bezug auf die Nazi-Zeit kann das hier und da auch peinlich werden, wenn die Einheimischen allzu sehr darauf beharren, Iran heiße ja doch Arier-Land. In der Sache ist das richtig, denn aus Aryana („Land der Arier“) wurde mittelpersisch Erân und Neupersisch Iran. Seit 1937 heißt das Land auch so. Und prompt spielte der erste Pahlawî-Kaiser dann auch überflüssiger Weise politisch die Nazi-Karte. Gottseidank spricht man heutzutage auch nicht mehr von den Indo-Ariern, sondern von den Indo-Europäern, wenn man sagen will, dass deren Sprachen miteinander verwandt sind.

Europäer tun sich denn auch erheblich leichter beim Erlernen des Farsi als beim Erwerb des Türkischen oder gar Arabischen.

*

Die Provinz Schiras ist fast immer ein Brennpunkt der Geschichte gewesen, seit den Tagen der Großkönige. Die Verlagerung der Macht in den Norden des Landes ist jungen Datums. Ihre regionale und lokale Bedeutung hat die Stadt niemals verloren.

Im Zentrum der Stadt werde ich von einem alten Herrn auf Wilhelm Wassmuss angesprochen, der sich oft in Schiras aufgehalten hatte. Zwar hatte der alte Herr diesen Deutschen nicht mehr persönlich erlebt, doch kannte er ihn aus den Erzählungen seines Vaters. In Deutschland kennt kaum jemand diesen Mann, den man den „deutschen Lawrence“ genannt hat, den man aber mit noch mehr Recht den „Wassmuss von Persien“ nennen müsste. Während des ersten Weltkriegs war dieser Diplomat und Nahost-Kenner tatsächlich der Gegenspieler jenes T. E. Lawrence, der in Großbritannien als Nationalheld gilt und der durch einen Breitleinwand-Film weltberühmt wurde – als Anführer des arabischen Aufstandes gegen die Osmanen. Wassmuss, schon vor dem Krieg deutscher Konsul in Bushir (Buschehr) am Persischen Golf, spielte in Südwest-Iran, in der Provinz Schiras, dieselbe Rolle wie Lawrence in Arabien und Palästina: Er war Anführer des Aufstandes der südwest-iranischen Stämme der Qaschghai und der Luren gegen die Briten, die im Süden Persiens Fuß gefasst hatten. Das zaristische Russland und England hatten das Land Iran praktisch schon unter sich aufgeteilt, und die Zentralregierung in Teheran war zu schwach, um dies zu verhindern. Die Briten setzten ein Kopfgeld auf ihn aus, nahmen ihn gefangen, doch er konnte entkommen. Die Erhebung freilich scheiterte – dies war der große Unterschied zu Lawrence. Englands Weltmacht-Status obsiegte. Zudem war Wassmuss mit seinen Streitern weitgehend isoliert und genoss bei Weitem nicht jene Unterstützung wie sein britischer Widerpart. Einige wenige Darstellungen eines Lebens gibt es, ein Spielfilm wurde jedoch nicht gedreht.

Wassmuss hielt sich oft in Schiras auf, ja, man kann sagen, dass diese Stadt die wichtigste Basis für den Widerstand der Perser gegen die britischen Invasoren war. In Persien ist er nicht vergessen. Nach der Niederlage der Aufständischen und dem Ende des Krieges blieb er im Lande, bewirtschaftete ein landwirtschaftliches Mustergut, bevor er wieder nach Deutschland zurückkehrte. Mit nur 51 Jahren ist er, nicht viel älter als sein englischer Gegenspieler, der nur 47 wurde, gestorben. Die Stämme in der Gegend von Schiras kennen seinen Namen noch und verehren ihn. Auf seinem Landgut wandte er moderne Methoden des Ackerbaus an, die er an die dortige Bevölkerung weitergab.

*

Wieder einmal in Teheran. Wir schreiben das denkwürdige Orwell-Jahr 1984. Der erste Golfkrieg zwischen dem Irak und der islamischen Republik Iran treibt seinem Höhepunkt entgegen. Wir sind im Hotel Lâle (die Tulpe) abgestiegen, mitten im Zentrum Teherans, nicht weit entfernt vom Ministerium für islamische Führung (Erschâd). Die Avenue Pahlawî heißt jetzt Walî-Asr.

Alle Journalisten müssen sich im Erschâd registrieren lassen und um eine Arbeitserlaubnis nachsuchen. Down with USA steht gut sichtbar an der Wand hinter der Hotel-Rezeption zu lesen, doch auch an vielen Hauswänden in der Innenstadt – nicht in persischen Schriftzeichen, sondern in lateinischen, damit es die Ausländer ja auch alle lesen können.

Dieses Mal ist die Stimmung wieder anders. Zwar hört man viele Klagen über den religiösen Terror, der herrsche, über das selbstherrliche und heuchlerische Gebaren der Mullahs, über Korruption und Gewalt; doch der Krieg hat die Bevölkerung zusammengeschweißt. Sie hält zusammen wie Pech und Schwefel. Der Schuss, den der irakische Diktator Saddam Hussein im September 1980 abgefeuert hatte, vielmehr seine Bombenangriffe waren buchstäblich nach hinten losgegangen. Sie hatten das Mullah-Regime nicht hinweggefegt, sondern es vielmehr stabilisiert: Ajatollâh Chomeinî saß fester im Sattel denn je. Gerade die ärmeren Iraner, die sogenannten Mostazafin, die „Entrechteten und Enterbten" der Revolution, scharten sich um den greisen Staatsgründer und Obersten Gelehrten. Der Krieg sollte noch vier Jahre dauern, insgesamt eineinhalb Millionen Menschen das Leben kosten und ausgehen wie das berühmte Hornberger Schießen: ohne eigentlichen Sieger. Dennoch konnte man die Perser als die eigentlichen Gewinner des Waffengangs bezeichnen, denn Saddam Hussein konnte gottsfroh sein, dass es den Bassidsch-Einheiten in den verschiedenen Offensiven nicht gelang, bei ihrer Erstürmung der Halbinsel Fao im Südirak bis nach Basra vorzustoßen.

Dies hätte wahrscheinlich schon damals Saddam Hussein und sein Regime zu Fall gebracht.

Doch 1984 wusste niemand, wie das alles enden würde. Wir besuchten damals die iranische Frontlinie. Mit einem Militärflugzeug ging es von Teheran nach Südwesten, bis nach Kermanschah, das man selbstredend in Bachtarân umgetauft hatte, weil der alte Name das Wort Schah enthielt. Bachtarân – Stadt der Glücklichen. Daran zweifelten wir. Hubschrauber brachten uns in die Nähe der Front, in ein Militärlager, wo wir übernachteten. Am anderen Morgen zockelten wir in mehreren Jeeps an die vorderste Frontlinie, wo wir ein unschönes Erlebnis hatten. Ich habe darüber schon früher detailliert Auskunft gegeben und möchte den Schwerpunkt auf etwas anderes legen: Wir befanden uns nun in Kurdistan und waren erstaunt darüber, wie sehr auch hier der Angriff des irakischen Diktators zu einem Schulterschluss zwischen den Kurden und den Persern geführt hatte. Obwohl die Justiz der Mullahs unter kurdischen Oppositionellen gewütet hatte, wollte die große Mehrheit der Kurden doch lieber Untertanen des Ajatollâh Chomeinî bleiben, als von dem Despoten Saddam Hussein beherrscht zu werden.

„Wir fühlen uns den Persern verwandt, aber ganz und gar nicht den Arabern", bekam ich zu hören. Sogar die arabischen Stämme in der iranischen Provinz Chuzestân hatten nicht eine Minute lang in den Truppen Saddam Husseins Befreier gesehen, sondern Aggressoren.

Nach der Rückkehr nach Teheran hatte ich Gelegenheit, unter dem Volk zu recherchieren. Dabei ergab sich ein völlig widersprüchliches, verwirrendes Bild. Dieses Bild hat bis heute Gültigkeit. Hatten viele Teheraner zu Zeiten des Schahs darüber geklagt, sie kämen nur mit zwei Jobs finanziell über die Runden, so hatte sich dies durch den Krieg noch verschärft. Manche hatten jetzt drei, oder sie lebten von der Hand in den Mund. Relativ großzügig verhielt sich das Regime gegenüber den Mostazafin, welche die Hauptlast der Kämpfer trugen und deren Fanatismus am größten war. Auf dem flachen Lande beherrschte der Dorf-Mullah die Szene wie eh und je. Auch das gilt bis heute.

Trotz der anti-amerikanischen Parolen, die das Land geradezu überschwemmten, hatten viele eine durchaus günstige Meinung über die Vereinigten Staaten. Heute sind die USA in der Bevölkerung weitaus beliebter als andere Nationen, insbesondere bei der Jugend Teherans, die den American way of life zu imitieren sucht.

Längst lebte wieder eine große Menge von Flüchtlingen und Emigranten in Europa, in Deutschland oder Frankreich; ein Millionen-Heer sogar in den Vereinigten Staaten.

Als ich Mitte der neunziger Jahre wieder in Teheran war, hatte sich das noch verstärkt. Wer kein Anhänger der islamischen Republik mehr war, hatte sich Nischen gesucht und sie auch gefunden. Eine Mischung aus Resignation und im Grund schwer zu begreifender Hoffnung auf eine Veränderung der Verhältnisse prägte die allgemeine Stimmung.

*

Welch ein sprachlicher und geistiger Kosmos „Persien“ ist, wurde mir auch außerhalb des Landes klar, als ich in der Türkei und in Mittelasien reiste. Dies ist keineswegs eine Iranophilie, von solchen Einstellungen halte ich gar nichts. Es ist aber eine schlichte Tatsache, dass iranische Völker, ihre Sprachen und Kulturen eine Region zutiefst geprägt haben, die von der Türkei im Westen bis nach Indien im Osten reicht, dazu von Sansibar im Süden bis nach Taschkent, Samarkand und Buchara (Bochârâ) im Norden, ja sogar noch darüber hinaus. Während der Einfluss persischer Händler auf der Insel Sansibar Geschichte geworden ist, spürt man ihn am Persisch-Arabischen Golf, etwa in Kuweit oder Dubai, noch immer. Handel und Wandel mit Iran sind dort wichtig, Menschen persischer Herkunft fungieren als Händler – man sieht es an Namen wie etwa dem der Familie Behbahânî. In Bahrain sind siebzig Prozent der Bevölkerung Schiiten, was durchaus auf persischen Einfluss zurückzuführen ist. Etliche der bahrainischen Religionsgelehrten kommen aus Iran oder haben in Ghom studiert. Die Kurden, wir sagten es schon, sind sprachlich und kulturell Iraner. In dem Vielvölkerstaat Afghanistan spricht die Hälfte Dari, eine Variante des Farsi, doch auch das Pashtu gehört derselben Sprachgruppe an. Wie auch das Tâdschik, die Hauptsprache in Tadschikistan mit seiner Hauptstadt Duschanbe. Vom Persischen beeinflusst sind Sprachen wie das Urdu oder Belutschi in Pakistan oder Sprachen im westlichen Indien, wie das Gudscharati. Doch selbst bei den Turkvölkern war und ist der Einfluss des Persischen, sprachlich wie kulturell, noch immer groß. Persisch war die offizielle Sprache unter den Moguln ebenso wie unter den türkischen Seldschuken in Anatolien. Das osmanische Türkisch war so sehr von arabischen, doch hauptsächlich über das Persische vermittelten Wörtern durchsetzt, dass man es als eigene Sprache, nämlich Osmanisch, bezeichnet. Wer heute in der Türkei die alten Dichter, die Klassiker, im Original lesen möchte, kommt um das Studium des Osmanischen, damit auch des Persischen nicht herum.

Doch dies alles gilt nicht nur für Sprache und Dichtung. Auch in der Architektur, der weltlichen wie der sakralen, haben persische Vorbilder tief eingewirkt. Zwischen Anatolien und Indien, zwischen dem Irak und Mittelasien (Transoxanien) trifft man auf den persischen Baustil. Die Eiwan-Architektur ist bis nach Samarkand und Buchara verbreitet, ja bis in den Süden Kasachstans mit seinen islamischen Heiligtümern. Die persischen Fliesen und die Stilelemente der Stalaktiten (Muqarnas) findet man in Kairoer Moscheen ebenso wieder wie in der Alhambra in Andalusien, wenn auch lokal immer wieder abgewandelt.

In Buchara, einer Perle islamischer Architektur, doch auch in Samarkand konnte ich mich mit Persisch durchaus verständlich machen, obwohl die Staatssprache dort das türkische Usbekisch ist.

Fast sprichwörtlich zitiert man dort den berühmten Doppelvers des persischen Dichters Hâfez:

Nähm' jener schöne Schiras-Türke mein Herz in seine Hand,
Gäb' ich seinem Hindumale Buchara und Samarkand …

Âgar ân Tork-e Schirâzî be-dast ârad del-e mârâ
Be-châl-e Hendûyesch bachscham Samarqand o Bochârârâ

Doch auch wir Europäer sind weitaus mehr von Persien beeinflusst worden, als wir in der Regel wissen. Das gilt für die antiken persischen Religionen, die ihren Niederschlag im Alten und Neuen Testament gefunden haben, wie für unsere „profane" Kultur. In Mozarts Zauberflöte herrscht ein krasser ethischer Dualismus, der zweifelsohne auch persischen Ursprungs ist, zumal der weise Priester-Herrscher Sarastro niemand anderer ist als der für die Bühne anverwandelte altpersische Prophet Zarathustra (Zardoscht). Und Friedrich Nietzsche hätte ohne Kenntnis dieses Propheten und seiner Religion niemals sein Werk „Also sprach Zarathustra" verfassen können, in dem er eben diesen Propheten eine ganz andere Botschaft verkünden lässt: die des Atheismus – obzwar in gänzlich religiösem Sprachgewand. Darüber kann man nun denken, wie man will.

*

Am späten Nachmittag fahren wir in Isfahan (Esfahân) ein. Wir sind von Teheran über Ghom und Kâschân mit dem Bus gekommen. Aus Kâschân stammen viele berühmte Perser, der bekannteste war wohl Abdol Razzâq-e Kâschânî, der zur Zeit der mongolischen Ilkhane dort geboren wurde und als Sufi und

Philosoph großen Ruhm erwarb. Unsere nächste Station war Natanz, ein kleinerer Ort, der ebenfalls bekannte Männer hervorgebracht hat. Dann zweigte die Route nach Südwesten ab.

Die Vororte Isfahans sind wenig ansehnlich. Doch wenn man das eigentliche Kerngebiet der Stadt erreicht, tut sich eine Wunderwelt auf. Denn Isfahan ist wahrlich eine islamische Stadt. Kuppeln und Minarette ragen in die Höhe, wobei sich die persischen Kuppeln und Minarette von den türkisch-osmanischen sehr unterscheiden. Ihre Spitzen sind nicht nadelfein, sondern enden in jenen Rundgängen, die man mit Lampen verglichen hat. Und das sollen sie wohl auch sein. Lampen Gottes.

Umgeben ist Isfahan von einer eher schon wüstenhaften Landschaft und Bergen, obgleich es sich dabei keineswegs um Vollwüste handelt. Auf dem Wege dorthin konnte man in Konturen schon erkennen, wie diese Landschaft wahrscheinlich in einigen Generationen aussehen wird, wenn man die Erosion durch Wind und Wetter nicht einhegen kann.

Das historische Zentrum der Stadt liegt noch nördlich des Zayande Rud, des Flusses, der sie durchschneidet. Beherrscht wird es von dem Maidân-e Emâm, der früher Schah-Platz hieß, aber nach der Revolution umbenannt wurde, denn der Name „Schah" sollte möglichst getilgt werden aus dem Bewusstsein der Leute. Dabei hieß der Platz gar nicht nach dem letzten Pahlawî-Herrscher, sondern nach dem safawidischen Herrscher Schah Abbâs, der ihn anlegen und prachtvoll ausgestalten ließ. Unter Abbas dem Großen erlebte nicht allein Isfahan, sondern das gesamte persische Reich eine wirtschaftliche und kulturelle Hochblüte, war damals auf derselben Höhe wie das Europa der beginnenden Moderne. Alle damaligen Reisenden bestätigten das. Und Isfahan war Hauptstadt.

Auch das Hotel, in dem wir absteigen, hieß früher Schah Abbâs. Nun nennt es sich Abbâsî, sodass wenigstens der Name des Herrschers noch überlebt. Es handelt sich um eine ehemalige Karawanserei mit den dazugehörigen Bögen und Alkoven sowie einem geräumigen Innenhof.

Dort bekommen wir in der sinkenden Abendsonne eine köstliche Âsch serviert, jene traditionelle persische Gemüsesuppe, die die Lebensgeister wieder aus ihrer Ermüdung und Erschlaffung erweckt. Neben dem Hotel sieht man die Kuppel und die Minarette der Medrese Tschehâr Bâgh, der wichtigsten

Theologenschule „Zu den vier Gärten". Ihr farbiges Kachelwerk glänzt fast zauberisch im Licht, das kurz vor dem Verlöschen ist. Die näselnde, melancholisch klingende Stimme des Gebetsrufers dringt herüber.

Orient – man möge es mir verzeihen – wie man ihn sich vorstellt!

Die Wände des Speisesaals im Hotel werden von Pseudo-Malerei im Stil der Qâdschâren geziert. Das passt hierher, ist aber natürlich nicht mit den Originalen im Palast von Ali Qâpu zu vergleichen. Unter den Qâdschâren erreichte die persische Malerei einen Höhepunkt ihrer Entwicklung, wie es überhaupt falsch ist zu glauben, das sogenannte „Bilderverbot" des Islam habe muslimische Künstler daran gehindert, sich malerisch zu betätigen. Je weiter man sich in der islamischen Welt nach Osten bewegt, desto umfangreicher und üppiger wird der Schatz der Malerei – von der Miniaturmalerei angefangen über die Buchmalerei bis zu den Malern der Mogulzeit, die – nach dem Vordringen der Engländer – stilistisch interessante Gemälde, etwa Porträts, schufen, in denen der östliche, persische Stil sich mit westlichen Vorbildern vermischte. Ganz persisch war die Malerei von Meister Behzâd gehalten, der in Herât wirkte, im Westen des heutigen Afghanistans.

Auf dem Gang durch die Innenstadt erlebte ich reine Kulturgeschichte.

Isfahan gehört, wie Paris, London, Sankt Petersburg, Istanbul/Konstantinopel, Damaskus und Jerusalem und einige andere, noch exotischere Städte, zu jenen Orten, in denen sich Kultur architektonisch manifestiert. Bei Isfahan allerdings ist weniger als bei den meisten erwähnten Städten eine lange Abfolge von Geschichts- und Kulturepochen ablesbar; es ballt sich vielmehr hier eine Epoche auf engem Raum zusammen: die der Safawiden. Gewiss war die Stadt auch schon zu Zeiten eines Ibn-e Sina bedeutend, jenes großen Arztes, Philosophen und Wesirs, den wir im Abendland als Avicenna schätzen; doch in ihrer heutigen baulichen Gestalt ist sie hauptsächlich ein Werk der Safawiden-Herrscher. Insofern hat sie die größte Ähnlichkeit mit Sankt Petersburg, das ein Werk Peters des Großen und seiner Nachfolger ist, anders als das viel ältere Moskau.

Die Safawiden regierten von 1501 bis 1722 über Persien und gaben dem Land vor allem jenes schiitische Gesicht, das bis heute charakteristisch ist. Ursprünglich waren sie ein Sufi-Orden aus dem aserbaidschanischen Ort Ardabil, der möglicherweise sogar zunächst der Sunna angehörte – so jedenfalls eine gewichtige Theorie des persischen Historikers Kasrawî. In jedem Fall gelang ihnen unter dem schiitischen Führer Ismâ'îl im Jahre 1501 ein großer militärischer Sieg, der dazu führte, dass die Schia in ihrer zwölferschiitischen Form bis heute Staatsreligion in Persien wurde. Die Zwölfer bilden die mit Abstand wichtigste Gruppe innerhalb dieser Konfession des Islams, das heißt, sie verehren seit ihrer „Gründung" durch Alî Ibn Abî Tâlib, den leiblichen Vetter und auch Schwiegersohn des Propheten Mohammed, insgesamt zwölf Imame, Nachkommen Alis als Führer der Gemeinde. Während die Sunniten Mohammeds Nachfolger wählten, oder diese sich in Machtspielen schlichtweg durchsetzten und schließlich akzeptiert wurden, ist der Schiismus von einer Art dynastischem Prinzip geprägt worden, das bis zum letzten, dem zwölften Imam al-Mahdî als letztem von Alis direkten Nachfahren reicht. Die besondere Imam-Lehre, die Doktrinen des Schiismus und insbesondere seine Eschatologie werden uns im Folgenden noch beschäftigen.

Unter den Safawiden jedenfalls entstand ein großer Teil der Stadtarchitektur Isfahans, die vorbildlich wurde. Isfahan blühte aufs Neue auf. Unter den Herrschern Tahmasp und Abbâs dem Großen stieg Persiens Wohlstand, damals verhandelten seine Sultane auf Augenhöhe mit den Europäern, etwa den Brüdern Antony und Robert Sherly, die im Namen der Ostindischen Kompanie von Irans Herrscher Handelsrechte haben wollten.

Damals konnten die Perser noch nicht, wie später, von den europäischen Mächten über den Löffel balbiert werden, man musste sie vielmehr von Gleich zu Gleich behandeln.

In sanften Kurven durchschneidet der Zayande Rud die Stadt. Zwei großartige Brücken verbinden die beiden Ufer, Brücken, die in keinem Bildband über Persien oder Isfahan fehlen: die Khadju-Brücke und die noch beeindruckendere Si-o-seh-pol, die Brücke der 33 Bögen oder Alkoven. Beide sind in jenem ockerfarbenen Gestein errichtet worden, das die gesamte Bausubstanz des historischen Isfahan ausmacht. Südlich des Flusses liegt das Viertel von Neu-Djulfa. Es verdankt sich unter anderem der Toleranz, die vor Jahrhunderten in Persien – anders als heutzutage vielerorts – in der islamischen Welt, und zumal in Persien geübt wurde. Sie war nicht unbegrenzt (man darf hier nicht zu blauäugig sein), aber es gab sie, und sie kam den Minderheiten zugute. So auch den Armeniern, die hier leben. Es ist ihr Viertel und hat seinen Namen nach der Stadt Djulfa in Armenien/Aserbaidschan, woher sie kamen. Nun leben diese Armenier schon seit Jahrhunderten hier. Schon auf den ersten Blick kann man erkennen, dass die Armenier Irans meistens für Handel und Wandel zuständig waren; das gilt auch noch heute. Und die Safawiden profitierten nicht wenig davon. Beide Völker, Perser wie Armenier, stehen sich nahe und empfinden das auch so.

„Die Iraner haben uns gerettet", bekamen wir vor vielen Jahren in Eriwan zu hören, als von der großen Krise dort zu lesen war. Das war zu Beginn der neunziger Jahre, nach dem Zerfall der Sowjetunion, nachdem die Republik Armenien unabhängig geworden war. Die Bevölkerung war verarmt, Eriwan zeigte sich allabendlich als eine dunkle Stadt, denn es fehlte an Strom. Viele Menschen saßen bei Kerzenlicht in ihren Wohnungen oder, im Sommer, in den Hinterhöfen. Ich notierte damals in meine Kladde: „Selbst der Staatspräsident sitzt im Pelzmantel in seinen Räumen, die nicht beheizt werden können. Bei sechs Grad Celsius."

Die Perser lieferten Lebensmittel und Energie, Erdöl haben sie ja reichlich.

Die Armenier Isfahans haben heute, wie alle Iraner, außer dem Wahlrecht keine wirklich demokratischen Rechte und Freiheiten in der islamischen Republik, wie wir sie im Westen verstehen. Doch die klassischen Minderheitenrechte des Islam sind ihnen garantiert, so, wie die Scharia sie vorsieht. Das heißt, als Schutzbefohlene des Islam genießen sie eine gewisse religiöse Autonomie. Im Gespräch mit uns hebt der Gemeinde-Vorstand auch die Kultfreiheit gebührend hervor, welche die armenische, christliche Minderheit seit alters her genießt.

Auch den Persern ist religiöser Fanatismus weiß Gott nicht fremd, doch hat sich ihre Kultur über lange Zeiten hinweg auch als religiös tolerant erwiesen. Dafür spricht schon, dass es Iran als einen Vielvölkerstaat überhaupt noch gibt. Und viele Jahrhunderte lang war der Schiismus alles andere als militant, sondern neigte zu mystischer Beschaulichkeit, zum Quietismus.

Mit der islamischen Revolution änderte sich das.

*

Am besten betritt man den Basar Isfahans von der Nordseite des zentralen Platzes, des Maidân-e Emâm, früher Maidân-e Schah. Ich habe fast alle großen Suks oder Basare des Orients gesehen, doch der Isfahaner Basar hat mich am meisten beeindruckt. Er kann jederzeit mithalten mit den Märkten von Marrakesch, dem berühmten Khan al-Khalili zu Kairo, dem Suq al-Hamidije in Damaskus oder dem Kapali Çarşi, dem Bedeckten Basar, von Istanbul. Sogar dem Großen Basar Teherans, der viel großstädtischer geworden ist.

Die unzähligen Läden und Stände, das Gewimmel und Gewusel der Menschen, die vielerlei Düfte und Gerüche, die verschiedenen Trachten und Bekleidungen der Provinzler und Stämme rufen Musik in mir auf: Rimskij-Korsakows „Scheherezade“ und – weniger gewichtig – „Auf einem persischen Markt“ von Albert Ketélbey, ein seinerzeit viel gespieltes Salonstück. Reiner Orientalismus. Doch ich schäme mich dessen nicht, im Gegenteil. Was wäre das ganze Leben ohne Träume, ja sogar Träumereien? Wie steril wären Bücher, wären Romane ohne jene Fantasie, deren Abgrenzung von der Phantasmagorie volatil und subjektiv ist? Weder für Persien noch für den gesamten Orient hätte ich mich jemals interessiert, wenn alles gleich wäre und man keine Gelegenheit zum Träumen hätte. Gerade die westöstliche Weltgegensätzlichkeit macht ja den Reiz aus.

Die Wirklichkeit bricht irgendwann ohnehin in die Traumwelt ein, und in meinem Beruf habe ich mehr als genug von ihr zu sehen und zu spüren bekommen.

Eines fällt mir auf in diesem Basar: Es geht nicht ganz so laut zu wie in den arabischen Suks oder gar auf den türkischen Märkten. Das Wort „Marktschreier“ passt hier ganz und gar nicht. Auch dieser Basar ist auf traditionelle orientalische Weise aufgeteilt, je nach Waren, die angeboten werden. Eine Augenweide sind immer die Gewürze, von ihrem Duft einmal ganz abgesehen.

Ein Überangebot scheint es an Nüssen aller Art zu geben, Haselnüssen und ganz besonders Pistazien. Sie wachsen in den fruchtbarsten Regionen des Landes im Norden, Mâzandarân und Gilân. Pistazien und Nüsse gehören zu den wichtigsten Exportartikeln Irans, gleich nach dem Erdöl. Und der gegenwärtige Staatspräsident der islamischen Republik, der langjährige Parlamentspräsident Ali Akbar Rafsandschânî stammt aus einer schwerreichen Familie von Pistazien-Händlern.

Er ist Kleriker im Range eines Hodschatoleslâm, eines „Beweises für den Islam", was weniger ist als ein Ajatollâh, ein „Zeichen für den Islam". Seine Karriere macht deutlich, wie eng teilweise die Verflechtung von schiitischem Klerus und den Basaris ist. Sie besteht seit vielen Jahrhunderten, und die Anzahl der Chomeinî-Bilder an den Rückwänden der Läden des Isfahaner Basars lässt vermuten, dass die islamische Republik unter den Händlern noch immer viele treue Anhänger hat.

Als wir wieder nach draußen treten, überflutet grelles Sonnenlicht den Platz. Als sich die Augen daran gewöhnt haben, sehe ich reine Mathematik vor mir, vielmehr Geometrie. Der rechteckige, großzügige Platz, rechter Hand das Ali Qâpu mit seinen zierlichen, beinahe filigranen Säulen, die eher an Stangen erinnern als an stabile Träger, so zart muten sie an. Linker Hand, gleich gegenüber, die Moschee des Scheichs Lotfollâh mit ihrer hellen Kuppel. Am hinteren Ende des Maidan schließlich ragt es blau und türkis in die Höhe – es sind die Kuppel und die Minarette der großen Moschee, deren Konturen im Mittagslicht zu verschwimmen scheinen, gegen Abend jedoch, wenn die Strahlen der Sonne schräg und flach einfallen, mit messerscharfen Konturen aufwartet. Ein Wunderwerk islamischer Baukunst, das deutlich macht, welch hohen Grad an Abstraktion und Klarheit das Denken und Forschen jener Epoche erreicht hatte. Wir werden bald darauf zurückkommen. Unter Schah Abbâs dem Großen gediehen nicht nur Handel und Wandel, auch die schiitische Geistigkeit erlebte eine Blüte, die seinen Tod überdauerte, während die Macht unter seinen schwächeren Nachfolgern verfiel.

Die Freitagsmoschee und die große Moschee, der hübsch angelegte große Platz und der Palast der vierzig Säulen, die Brücken und Medresen – fast könnte man imaginieren, der Safawiden-Herrscher käme demnächst hoch zu Ross angetrabt, begleitet von seinen kostbar gewandeten Höflingen, um sich angenehm die Zeit zu vertreiben.

Doch dies wäre wieder reiner Orientalismus.

*

Abermals in Teheran. Man schreibt das Jahr 1995. Vor einigen Tagen ist in Israel Yitzhak Rabin erschossen worden, weil er sich auf die Abmachungen von Oslo eingelassen hat – mit Yassir Arafat, dem Führer der Palästinenser. Der Mörder Rabins ist ein Talmud-Schüler, der offenkundig der strammen Orthodoxie im Judentum zuneigt. Oder auch nicht, denn in Israel ist das mit der Religion so eine Sache. Es gibt Orthodoxe, die ganz propalästinensisch sind, weil sie den Staat Israel ablehnen, und es gibt weltliche Nationalisten, die ganz gegen die Palästinenser agieren.

Gesprächspartner in Teheran begrüßen die Nachricht über den Mord, ja, sie sind hoch erfreut. Dies, jedenfalls, entspricht der offiziellen Ideologie der islamischen Republik, in deren Verfassung steht, dass der Staat Israel illegal sei und von der Landkarte getilgt werden müsse. Das Volk hat diese Verfassung vor Jahrzehnten gebilligt. Das Verhältnis zwischen Persern und Juden war noch nie so schlecht wie jetzt.

Doch die Führung bestreitet das: Der Passus in der Verfassung habe mit Antisemitismus nicht das geringste zu tun, hören wir. Man unterscheidet beckmesserisch zwischen Antisemitismus und Anti-Zionismus. Diese Argumentation kennt man auch von Antisemiten überall in der Welt. Sie kann ernst gemeint sein – es gibt ja auch jede Menge antizionistischer Juden und Israelis –, oder auch nicht, das heißt den Judenhass nur verschleiern.

Die historische Tiefendimension ist eine ganz andere, da muss die Wirklichkeit von den Ideologien getrennt werden. Wenn die Juden in aller Welt Purim feiern, ihren Karneval oder Fasching, tun sie das im Andenken an ihre Befreiung aus der babylonischen Gefangenschaft durch den Perserkönig Kyros im Jahre 539 vor Christus. Länger als eine Generation hatte Nebukadnezar, der König von Babylon, nach seiner Eroberung Jerusalems und der Zerstörung des ersten, des salomonischen Tempels 587 vor Christus sie an die Ufer des Euphrat und Tigris verschleppt und geknechtet. Seit ihrer Befreiung waren Juden und Perser gut miteinander ausgekommen, waren Juden nicht im entferntesten Verfolgungen oder Exzessen ausgesetzt gewesen wie anderswo auf der Erde. Und seit Entstehung des Islams hatte sie das islamische Recht als anerkannte religiöse Minderheit zwar nicht emanzipiert, aber doch geschützt.

Wie stark die Gegnerschaft zu Israel in Iran gegenwärtig ist, vermag niemand zu sagen. Die öffentlich agierenden Personen absolvieren ihre ideologischen Pflichtübungen, wie man das auch von den sozialistischen Ländern kannte. Doch was die Bevölkerung wirklich denkt, unterscheidet sich stark davon. Noch immer zieren Parolen wie „Down with USA“ die öffentlichen Wände und Hotel-Rezeptionen, doch sind die Amerikaner unter der persischen Jugend mittlerweile das beliebteste Volk. So unser Eindruck. Und in Teheran werden die Moscheen immer leerer, wenn man vom Freitagsgebet einmal absieht. Dazu versammeln sich allemal die „Berufs-Beter“, die das System repräsentieren und aus dem Gebet einen hochpolitischen Akt machen.

Warum Deutschland so eng mit Amerika verbunden und verbündet ist, kann man den Repräsentanten der islamischen Republik nicht begreiflich machen. Wie sehr Deutschland nach dem selbstverschuldeten und verlorenen Krieg zerstört war, vermögen sie nicht nachzuvollziehen – und erst recht nicht die Rolle, die die Vereinigten Staaten beim Wiederaufbau sowie beim Errichten der Demokratie spielten. Immer wieder wird aus Gesprächen mit führenden Iranern auch deutlich, wie sehr sie die Amerikaner als kulturlose Emporkömmlinge verachten; doch damit stehen sie nicht allein in der Welt. Die Jugend Irans, wie gesagt, denkt ganz anders darüber.

Zwei Jahre später war die Stimmung in Teheran hoffnungsvoller, denn Mohammad Châtamî war zum Präsidenten gewählt worden, ein Kleriker auch er, aber ungleich weltoffener als alle anderen. Der Kurs wurde liberaler. Der Präsident verließ das Land und besuchte unter anderem Deutschland. In Weimar weihte er zusammen mit unserem damaligen Bundespräsidenten Johannes Rau ein Denkmal für Goethe und seinen persischen Bruder im Geiste, den weltberühmten Dichter Hâfez, ein. Châtamî kam auch im Westen gut an, und es hätte nicht viel gefehlt, dass Iran und Amerika das Kriegsbeil begraben hätten. Der Mann gab einen Vorgeschmack davon, was es mit persischer Geistigkeit auf sich hat. Am Ende seiner Amtszeit war auch er gescheitert, am System, dessen Teil er war, an seinen Widersachern, aber wohl auch an den Amerikanern, deren Orient-Politik schon glücklichere Tage gesehen hatte.

Seither haben sich die Verhältnisse wieder über Gebühr verhärtet. Ein Ausweg zwischen Washington und Teheran ist nicht in Sicht, doch auch das Verhältnis zwischen den Persern und den Europäern war schon einmal besser.

*

Es gab einmal eine Zeit, da man recht problemlos von Iran in den Irak reisen konnte. Das war lange vor der islamischen Revolution und den drei Golfkriegen. Zwar war der Nahe Osten auch schon damals kein Hort des Friedens und der Freiheit, doch konnten sogar Touristenbusse die Strecke zwischen Teheran und Bagdad befahren, ohne von irgendwelchen Gefahren bedroht zu sein, erst recht nicht von Terroristen, die Bomben warfen oder Ausländer entführten.

Nach einer eher steppenhaften Region erreichten wir auf dem Weg nach Westen die Zagros-Berge. Sie bilden einen Sperrriegel zwischen dem iranischen Hoch- und Binnenland und dem arabischen Tiefland des Irak, dem Land zwischen Euphrat und Tigris, Mesopotamien. Ihr nördlicher und mittlerer Teil werden von Kurden bewohnt, der südliche von den Luren.

Fast 1900 Meer hoch liegt eine der interessantesten und geschichtsmächtigsten Städte Irans: Hamadân. Auf den Aufenthalt dort war ich besonders erpicht, denn Hamadân ist das antike Ekbatana. Hier obsiegte Alexander der Makedone endgültig über die Achaimeniden, der persische König der Könige Dareios wandte sich endgültig zur Flucht und gab sein Reich verloren. Von nun an war der Weg frei für Alexander und seinen Plan, die Welt zu verwandeln, nach dem Triumph über die Perser Okzident und Orient zusammenzuführen. Dareios wurde schließlich das Opfer von Verrat und kam auf schmähliche Weise ums Leben.

Hamadân ist heute eine Stadt von fast einer Million Einwohnern. Damals war sie noch überschaubarer. Sie ist kreisrund angelegt, was im Orient schon immer weit verbreitet war. Als Musterbeispiel kann ja Bagdad gelten, das im Jahre 762 von dem abbasidischen Kalifen al Mansûr unter dem Namen Madînat al-Salâm – Stadt des Friedens – kreisrund am westlichen Ufer des Tigris errichtet wurde. Ihr bekannterer Name hingegen war persisch: Bâghdâd, Gottesgabe. Und die seit jenen Tagen bis zum Einfall der Mongolen 1258 herrschenden Abbasiden standen auch schon stark unter dem Einfluss der persischen Kultur, das Hofzeremoniell eingeschlossen. Das andere Modell war die römische Stadt mit ihrem schachbrettartigen Straßen- und Wegemuster.

Wer die Stadt durchstreift, erhält eine Lektion in persischer Geschichte und Kulturgeschichte, denn Hamadân existierte schon, als die Gründung vieler anderer Städte des Landes noch in weiter Ferne lag. In den Jahrhunderten nach der Islamisierung erlebte sie ihren kulturellen Höhepunkt, als das geistige Leben unter den verschiedenen Dynastien aufblühte. Mehrere Gebäude erinnern an den Dichter Bâbâ Tâher, der zu den Großen der klassischen persischen Poesie zu rechnen ist und hier begraben liegt; ebenso wie Ibn-e Sina, der weltberühmte Arzt, Philosoph und Wesir, den wir bald näher kennenlernen werden. Seine Grabstätte, hoch aufragend und von einem konisch spitz zulaufenden Turm gekrönt, ist gewiss eines der Wahrzeichen der Stadt und ein Pilgerort dazu, obwohl Avicenna – unter diesem latinisierten Namen kennen wir Europäer ihn seit dem Mittelalter – kein Heiliger war, wie die von den Schiiten verehrten zwölf Imame. Doch er war vielleicht der größte Gelehrte des klassischen Islam, wie überhaupt ein großer Teil der bedeutendsten Denker, Dichter und Wissenschaftler jener glänzenden Epoche entweder Perser war oder aus einem persisch geprägten Ambiente stammte. Ibn-e Sinas „Kanon der Medizin" jedenfalls, eine Art medizinische Enzyklopädie, galt noch bis in das 17. Jahrhundert hinein den europäischen Ärzten als ein Vorbild, als gelungene Fortführung antiken ärztlichen Wissens, das neben den Griechen auch auf die persische Ärzteschule von Gondeschâhpûr zurückzuführen war.

Ein wirkliches Pilgerziel im religiösen Sinne ist jener Komplex, der allgemein als Grab von Esther und Mordechai bezeichnet wird. Es ist eine altehrwürdige Stätte, die von den Juden Irans wenigstens einmal im Leben aufgesucht wird. Trotz der Feindseligkeit gegenüber Israel hat sich daran nichts geändert, denn wie die Armenier von Djulfa können auch die persischen Juden ihr Gemeindeleben ungehindert praktizieren. Ob Esther und Mordechai tatsächlich an dieser Stelle begraben liegen, ist allerdings – wie so vieles in den religiösen Überlieferungen – strittig. Eine andere Version lautet, es sei die Grabesstätte von Yazdagard III. und seiner Gemahlin, dem letzten Herrscher der Sassaniden, der den arabischen Heeren unterlag.

In einem ärmeren Viertel Hamadâns entdeckten wir schließlich den berühmten Löwen Alexanders. Was es mit dieser Figur auf sich hat, ist schwer herauszufinden, doch scheint sicher zu sein, dass sie hellenistisch ist. Insofern hat sie tatsächlich mit Alexander dem Großen zu tun, denn er war es, der diese Geschichts- und Kulturepoche angeregt hat. Man hat sie oft ein wenig schnäubisch mit dem Wort „Synkretismus" belegt, doch eben dies, eine Annäherung, wenn nicht Verschmelzung von Okzident und Orient, Griechentum und Persertum schwebte Alexander vor. Im Übrigen ist der Löwe ein uraltes Symbol Persiens und der legendenhaften persischen Helden, schon aus der Zeit der vordynastischen Heroen. Und nicht ohne Grund nannte Karl May einen seiner späten Reiseromane, den er symbolisch verstanden wissen wollte, „Im Reiche des silbernen Löwen." May verspürte eine Nähe zur persischen Geisteswelt, die ihm für sein späteres religiös-mystisches Engagement und seine Friedensarbeit geeigneter erschien als die arabische.

Die persische Kultur hat es vermocht, seit dem Wirken des Propheten Zarathustra ihr zunächst streng dualistisches, auf Licht und Finsternis ausgerichtetes Weltbild immer wieder zu einer besonderen Form der Ganzheitlichkeit, der Vielfalt in der Einheit zu verschmelzen. In der Literatur und Poesie, in der Philosophie und Mystik. An ihren schönsten Blüten wollen wir nun riechen.

Als wir damals, von Iran kommend, im Irak einreisten, hatten wir mit dem zähen Arbeits-Tempo der irakischen Zöllner zu kämpfen; ansonsten war die Region friedlich, wie schon lange nicht mehr.

*

Seit wenigstens zwanzig Jahren bin ich nun nicht mehr in Iran gewesen, es hat sich nicht ergeben. Natürlich hat sich das Land, wie alles auf der Welt, verändert, doch die politischen Verhältnisse sind geblieben, wie sie zuvor gewesen waren. Die Präsidentschaft Mohammad Châtamîs hat keine dauerhafte Wende zu einer Liberalität gebracht, wie viele gehofft hatten, sondern mit Mahmûd Ahmadîneschad, einem islamischen Revolutionär und Geiselnehmer der ersten Stunde, sogar zu einer vorübergehenden Verschärfung geführt, wozu freilich auch die Amerikaner beigetragen haben.

Das jüngste „Tauwetter" nun sollte auch nicht überwertet werden: Mehrere Versuche, dem Regime der Mullahs durch den Druck der Straße mehr Freiheiten abzutrotzen, sind in den Jahren nach 2000 gescheitert. Die Bevölkerung, vor allem die junge, sucht ihre Nischen. Auf dem Lande lebt man wie immer. Wie lange eine mögliche Erosion der Macht dauern könnte, vermag niemand zu sagen; dies hängt auch von zahlreichen Unwägbarkeiten ab.

Davon unberührt bleibt der Wert der iranischen, der persischen Hochkultur, die der Welt so viel gegeben hat. Auch im heutigen Iran ist davon noch vieles zu verspüren. In Zeiten, als es noch keine politische Korrektheit gab, schrieb Heinrich Heine in, zugegeben, ein wenig polemischer Manier, es gebe nur drei hochkultivierte Völker: die Franzosen, die Italiener und die Perser. Er betrachte sich als ein Perser.

Einem solchen Diktum wollen wir nun folgen.

*

„Mâdar“ heißt Mutter

Ein Deutscher lernt Persisch / Ein Intermezzo

Sei das Wort die Braut genannt,
Bräutigam der Geist …
(Goethe)

Das Erlernen der persischen Sprache erscheint zunächst als ein gewaltiges Abenteuer, und das ist es auch. Teilt man dieses Ansinnen seinen Freunden mit, wird man sofort gefragt, wozu das denn nützlich sein könne. Englisch, ja, das natürlich, zur Not auch noch Französisch, und – zumal neuerdings – Mandarin oder eben Chinesisch. Das seien doch Weltsprachen, vor allem das Englische und das Chinesische – aber Persisch, Fârsi? Wozu sich in dieses Abenteuer stürzen?

Unglauben erntet man dann, wenn man bekräftigt, auch das Persische sei auf seine Art eine Weltsprache, und zwar sowohl bezogen auf die Vergangenheit, als auch auf die Gegenwart. Der Zweifler ist dann überrascht, wenn er erfährt, wo und von wem alles in unserer Zeit „Persisch“ in all seinen Varianten gesprochen wird. Nicht nur in Persien, Iran selbst mit seinen mittlerweile achtzig Millionen Einwohnern, für die das Fârsi Staatssprache ist, sondern auch in Afghanistan und in Tadschikistan. In Afghanistan wird zudem mit dem Paschtu eine zweite Sprache gesprochen, die mit dem Persischen verwandt ist. In das Urdu Pakistans sind viele persische Wörter eingeflossen, wie in das Belutschi und andere nordwest-indische Idiome. Auch in Usbekistan spricht eine Minderheit, etwa in Buchara, reines Persisch. Und auch das Kurdische, das sowohl in Iran, als auch in der Türkei, im Norden des Irak oder Syriens und Teilen des Kaukasus gesprochen wird, ist dem Persischen nahe verwandt. Persisch ist ein sprachlicher Kosmos, nicht mehr und nicht weniger.

„Aber ist die Sprache denn nicht besonders schwer zu erlernen?“, heißt es dann.

Das stimmt.

Wer zum ersten Mal eine Druckseite in persischer Schrift vor sich hat, kann sich kaum vorstellen, diese eines nicht fernen Tages vielleicht wirklich lesen, gar verstehen zu können. Doch der Reiz des Schwierigen besteht auch in der Ästhetik, denn die persische Schrift, die das Volk seit nun mehr als tausend Jahren verwendet, ist eigentlich die arabische. Für mein Empfinden ist sie die vielleicht schönste Schrift, die heute überhaupt in Gebrauch ist, eine harmonische Mischung von Serifen, Rundungen, Punkten und Strichen, die übrigens – anders als man vermuten könnte – sogar sehr schnell geschrieben werden kann. Die arabischen Eroberer haben nach der Eroberung der persisch geprägten Gebiete zusammen mit dem Islam auch die arabische Schrift gebracht. Sie umfasst 28 Zeichen und ein halbes Dutzend Hilfszeichen, welche die Lesung erleichtern. Da die Perser noch vier Zeichen hinzuentwickelt haben für Laute, die das Arabische nicht kennt, ist das Erlernen der persischen Schrift sogar noch schwieriger.

Hinzu kommt, dass die meisten Zeichen, vielmehr Buchstaben vier Varianten haben, je nachdem, ob sie isoliert, am Beginn, am Ende oder in der Mitte eines Wortes stehen. Eine weitere Schwierigkeit, die man meistern muss, besteht darin, dass diese Schrift in der Regel nur die Konsonanten und die langen Vokale wiedergibt, die kurzen Vokale jedoch nicht. Das hat damit zu tun, dass das Arabische, wie alle semitischen Sprachen, keine eigentlichen Wörter kennt, wie unsere europäischen Sprachen, sondern in der Regel ein Gerüst von nur drei Konsonanten (Radikale), die niedergeschrieben werden und den Sinn und Inhalt eines Wortes ausmachen. Den Rest muss man erschließen. Freilich ist das Fârsi keine semitische Sprache, doch die Sache mit den beim Schreiben in Analogie zum Arabischen weggelassenen kurzen Vokalen wird dadurch einfacher, dass selbst die Araber Vokalzeichen geschaffen haben, um zweifelhafte Lesungen zu erleichtern. Das kommt dem Persischen erst recht zugute.

Freilich, wer durch vieles Üben imstande ist, einen gedruckten persischen Text zu lesen, kann auf andere gedruckte oder geschriebene Texte stoßen, deren „Entzifferung“ ihm große Schwierigkeiten bereitet, sodass er sich fragt, was er denn bisher eigentlich gelernt habe. Schreiben ist im Orient bis heute Meditation, hat einen sakralen Charakter. Obwohl sich die Perser nicht an das koranische sogenannte Bilderverbot gehalten haben und eine reiche Malerei und Miniaturmalerei entwickelten, sind sie doch auch große Meister in der Kalligraphie geworden, der Schönschreiberei. Die Schrift ist buchstäblich heilig, das Schreiben hat, besonders bei den berufsmäßigen Kalligraphen, einen religiösen Hintersinn, zumal man jene Schrift verwendet, in der auch der Koran verfasst wurde. So wurde die Kalligraphie, die Schönschreib-Kunst, eine der am meisten entwickelten Künste im gesamten islamischen Kulturkreis. Und die Perser sind darin besondere Meister – nebst den Osmanen und den Arabern. Will man einen Text im Duktus Schikeste oder im Duktus Tulûth lesen, bedarf das einer jahrelangen Übung und Einübung in die Lesung der oft stark abgewandelten Zeichen. Für einen Perser sind diese kalligraphischen Texte natürlich ungleich einfacher zu lesen als für einen Fremden.

Die Schrift und das Schreiben, damit verbunden das Lesen – dies sei zum Trost gesagt – sind für Fremde das Schwierigste an der persischen Sprache.

Ich hatte das Glück, früh an ein Lehrbuch zu geraten, das besonders geeignet ist, dem Fremden das persische Schriftsystem zu vermitteln. Ich wurde gewissermaßen zu einem persischen ABC-Schützen. Denn Farhad Sobhanis „Persisches Lehr- und Lesebuch" – das einzige seiner Art – führt ganz behutsam und pädagogisch gekonnt in das Schreiben der persischen Buchstaben ein. Es ist nicht leicht, sich diese Zeichen einzuprägen, doch mittels dieses Buches gelingt das sehr gut. Die Buchstaben werden – in homöopathischen Dosen – einzeln abgebildet, zu Beginn recht großformatig; mit dem Fortschritt beim Schreiben und Lesen werden sie dann kleiner. Und die ersten Sätze, die man zu üben hat, sind ganz einfach: Dârâ ârd dâd – Darius gab Mehl, oder Dârâ dard dârad – Darius hat Schmerzen, und so weiter. Schon hat man drei Buchstaben schreiben gelernt – D, das lange A und das R. Gleichzeitig mit der gedruckten Schrift wird man auch mit einer kursiven Form bekannt gemacht. Je mehr man schreiben kann, desto umfangreicher werden die Lesestückte, an die ein Wörterverzeichnis angefügt ist. Im Grunde hat man bis zum Ende des Lehrbuchs das Gefühl, schon ein geschriebenes persisches Buch vor sich zu haben und immer besser lesen zu können.

Bald stellt sich dann sogar heraus, dass das Persische eine Sprache ist, die ein Deutscher sehr leicht lernen kann. Nachdem man sich mit den Zusatzzeichen beschäftigt hat, die alle aus dem Arabischen kommen, hat man nämlich das Schwierigste wirklich hinter sich. Von der Grammatik her ist Fârsî ungleich leichter als das wirklich schwierige Arabisch mit seiner Grammatik, die der semitischen Sprachgruppe entspricht, oder gar das Türkische, das wieder einer anderen Sprachgruppe angehört – der ural-altaischen, wie das Mongolische und Tungusische. Am eigenen Leib erfährt man, dass Persisch eben eine indoeuropäische, früher sagte man indogermanische, Sprache ist. Der Satzbau entspricht dem der meisten anderen europäischen Sprachen. Ebenso Konjugation und Deklination. Es gibt keine gebrochenen Plurale, wie im Arabischen, und keine Verbalstämme, deren das Arabische mindestens elf, wenn nicht dreizehn zählt und an denen man verzweifeln kann. Die Tempora entsprechen den unsrigen, vom Präsens bis zum Plusquamperfekt, und die Sätze werden so gebaut, wie in den europäischen Sprachen, eben den indoeuropäischen.

Ein Beispiel:
Der deutsche Satz „Wir glauben, dass Goethe in Frankfurt geboren worden ist“, heißt auf Fârsî:
Bâwar mîkonîm ke Goethe dar Frankfort tawallod schode ast.
Das entspricht fast Wort für Wort dem deutschen Satz.
Wollte man ihn etwa ins Türkische übersetzen, ergäbe sich ungefähr folgender Satzbau:
„Goethe-des Frankfurt-in Geboren-worden-Sein sein, glauben wir.“

Da haben wir es mit dem Persischen doch sehr viel leichter. Eine geniale Erfindung ist die sogenannte Izâfet-Konstruktion. Man hängt an ein Wort, das man mit anderen Wörtern, Substantiven oder Adjektiven etwa, verbinden möchte, einfach ein E an, das man in der Schrift durch einen Strich unter dem letzten Buchstaben markiert.

Wieder ein Beispiel:
Mohandes heißt „der Ingenieur“.
Mohandes-e sâzemân heißt „Der Ingenieur der Gesellschaft“.
Mohandes-e sâzemân-e mellî heißt „Der Ingenieur der staatlichen oder nationalen Gesellschaft“.

Dass man es beim Persischen mit einer Sprache zu tun hat, die der indogermanischen – heute besser indoeuropäischen – Sprachgruppe angehört, steht in den Lehrbüchern meistens schon im Vorwort; doch spätestens beim Erlernen des Grundwortschatzes bekommt der Lernende das unmittelbar mit. In Farhad Sobhanis Lehrbuch tritt in den leichteren und kürzeren Lesestücken die Familie des Ingenieurs Sohrab auf, die natürlich aus Vater, Mutter und Kindern besteht. Der Vater ist der „pedar", die Mutter ist „mâdar", die Tochter „dochtar" und der Sohn, deren Bruder, der „barâdar". Alle diese Wörter sind sofort als indoeuropäisch zu erkennen: pedar–pater–Vater; mâdar–mater–Mutter; dochtar–daughter–Tochter; barâdar–brother–Bruder. Allein diese vier Beispiele genügen, um zu zeigen, dass ein Deutscher/oder anderer Europäer – mit wenigen Ausnahmen – eine verwandte Sprache lernt, wenn er sich mit dem Persischen beschäftigt.

Ich habe diese vier Wörter ausgewählt, weil man ihnen beim Lernen sofort begegnet und weil einem die Ähnlichkeit einfach in die Augen springt. Ebenso ist es mit dem Wort „ast", das nichts anderes bedeutet als das Lateinische „est" und das deutsche „ist". Die Anzahl der indoeuropäischen Wörter im Fârsî ist noch immer groß, wenn auch der größere Prozentsatz der Wörter nach der Übernahme der islamischen Religion aus dem Arabischen und (weniger) Türkischen stammt. Es dürften heute etwa siebzig Prozent sein, trotz der Sprachreinigung, die in den dreißiger Jahren unter Rezâ Schah vorgenommen wurde. Es kommt natürlich dabei auf die Sprachebene an, auf der man sich bewegt, und auch auf das Thema, über das man spricht. Nach der islamischen Revolution 1979 hat unter dem Einfluss der Mullahs und der Theologie auf das Bildungswesen der Einfluss des Arabischen sogar wieder zugenommen. Indessen ist die Grammatik davon wenig berührt worden.

Das Persische gehört zur sogenannten Satem-Gruppe der indoeuropäischen Sprachen, im Unterschied etwa zu den lateinischen Sprachen, die man der Centum-Gruppe zuordnet. Jeweils nach dem Wort für „hundert". Zu verdanken sind all diese Einblicke und wissenschaftlichen Zusammenhänge genialen Männern, die schon vor langer Zeit gelebt haben: dem Sprachgenie William Jones, einem Engländer, der im 18. Jahrhundert in Kalkutta lebte und sich dort mit den Sprachen des Orients, unter anderem auch mit dem Sanskrit und Hindi, befasste. Oder Franz Bopp, der als der eigentliche wissenschaftliche

Systematisierer der indoeuropäischen Sprachen angesehen werden muss. Heute weiß man, dass die indoeuropäische Sprachgruppe die größte ist und so „verschiedene“ Sprachen umfasst wie das Deutsche, Französische, Altgriechische, Russische, das Sanskrit und sogar das seit dreitausend Jahren ausgestorbene Hethitische. Und eben das Persische.

Hat man die Schrift und die Grundlagen erlernt, kann man als Deutscher/Europäer recht schnell auch anspruchsvollere persische Texte lesen. Trotzdem wird man eine Erfahrung machen, die man vielleicht vom Erwerb der englischen Sprache her kennt: Es ist leicht möglich, sich rasch Grundkenntnisse in Englisch anzueignen und einigermaßen flüssig zu reden. Doch wenn es um die höheren Weihen geht, wird auch Englisch verdammt schwer. Die Engländer selbst wissen davon ein Lied zu singen, wenn die unterschiedlichsten Formen des Englischen aus allen Kontinenten auf sie losgelassen werden. Auch ein geschliffenes Englisch ist eine schwierige Sprache. Und so ist es auch mit dem Fârsî. Jede Sprache hat ihre besonderen Schwierigkeiten und ist auf ihre Art schwierig.

Besonders die persische klassische Dichtung bleibt ein lebenslanges Studienobjekt, denn es zeigt sich in ihr eine ganz besondere Schwierigkeit. Abgesehen davon, dass man ihre ganz eigentümliche Metaphern-Begrifflichkeit kennen muss, zeigt sich oft ein lockerer Umgang mit der Logik in diesen Texten. Oder vielmehr: Es ist eine andere Logik, als wir sie gewohnt sind. Der diskursive Zusammenhang von Vers zu Vers ist häufig sehr locker oder gar nicht gegeben; er muss über phantastische Aitiologien und Ähnliches erschlossen werden, die zur Dichtersprache gehören. Für einen, der damit nicht vertraut ist, stellt das ein großes Hindernis für das Verständnis dar.

Gott sei Dank haben wir Deutsche etliche Gelehrte und Dichter hervorgebracht, die – wie etwa Friedrich Rückert, August Graf von Platen, der Baron von Rosen oder Joseph von Hammer-Purgstall – um nur die bekanntesten zu nennen – aufgrund ihrer Persisch-Kenntnisse in der Lage waren, diese Dichtwerke zu übersetzen, bei einem Mann wie Rückert müsste man hinzufügen, kongenial zu übertragen.

Eine Aufgabe, die man nur meistern kann, wenn man einige Zeit im Lande selbst lebt, ist das flüssige Verstehen des gesprochenen Persisch. Dies hat weniger mit den örtlichen Dialekten zu tun, die es natürlich – wie in jeder Sprache

– auch gibt, sondern mit der Art und Weise der Aussprache. So werden manche Formen des Hoch-Persischen beim Sprechen verschliffen, offenbar um Zeit zu sparen. Extrem kennt man das vom Französischen, aber auch – wie Kenner dieser Sprache zu berichten wissen – vom Dänischen. Wer sich nicht eingehört hat, versteht lange Zeit nur die Hälfte. So wird das Wort „ast – ist" meistens zu einem „e" verkürzt. Wenn jemand fragt, wie es einem geht, antwortet man etwas gestelzt „hâl-e man chûb ast – Es geht mir gut". Meistens heißt es jedoch hâl-e man chûbe. Auch Verbformen wie etwa „mîschawad – er/sie/es wird" verkürzt man gegebenenfalls zu „mîsche", und so weiter.

Überhaupt ist die persische Kultur, wie fast alle orientalischen, vom Islam geprägten Kulturen eher eine Hör- als eine Seh-Kultur. Wer seit 1400 Jahren jeden Tag fünfmal den Gebetsruf zu hören bekommt, hört entweder weg oder besonders gut. Bis heute ist es so, dass die Gedichte der großen persischen Poeten mehr gehört als gelesen werden, dass man sie passagenweise auswendig kennt und bei passender Gelegenheit „zu Gehör" bringt. Das hat natürlich auch mit dem Analphabetentum zu tun, doch die Verbesserung der Bildung in den vergangenen Jahrzehnten hat nur wenig daran geändert.

Beim Abenteuer, die persische Sprache zu erlernen, kann man sich auch über manches amüsieren oder darüber schmunzeln. Zum Beispiel darüber, dass unser Jargon-Wort „Bussi" oder das bayerisch-österreichische „Busserl" sein Gegenstück findet in dem persischen Wort „bûseh", das Kuss bedeutet, und das Verbum „bûsîdan" heißt küssen. Und wenn ein Koch bei uns etwas „pochiert", weiß er in der Regel nicht, dass dieses Wort verwandt ist mit persisch „pochtan" – kochen. Es sei denn, er habe Persisch gelernt.

Auf der nächsten Seite sehen Sie, lieber Leser, eine Seite aus dem angeführten Lehrbuch von Farhad Sobhani, das natürlich auch zu meinen persischen Papieren gehört. Sie ist nicht nur ein optischer, sondern auch ein ästhetischer Genuss ersten Ranges.

*

در منزل مادر بزرگ

ساعت هشت و نیم صبح است. در اطاق مهمان چند نفر مهمان هست. مادر بزرگ روی مبل نشسته است. خواهر و شوهرخواهر خانم سهراب هم در اطاقند. خواهر خانم سهراب بمهمانها و بمادر بزرگ شیرینی تعارف میکند. روی میز شیرینی و آجیل و میوه است. دخترخواهر خانم سهراب بمیهمانها چای تعارف میکند. فامیل سهراب وارد اطاق میشود: همه آنها با مادر بزرگ سر و روبوسی میکنند و بسایرین هم دست میدهند. عید را بهمدیگر تبریک میگویند. آقای سهراب و خانمش بدختر خواهر خانم سهراب بعد عیدی میدهند...

مادر بزرگ: بفرمائید بنشینید! خیلی خوش آمدید منیژه جان ماشاءالله چاقتر و قشنگتر شده است. فرامرز خان که دیگر مرد شده. مثل اینکه همین دیروز بود که شماها بچه بودید و میآمدید پیش من که براتیان قصه بگویم: وقت چه زود میگذرد. خوب، انشاءالله خوشبخت باشید.

خانم سهراب: خانم بزرگ حالتان چطور است؟

Liebe, Wein und Weltenschmerz

Aus persischer Dichtung

Wie das Wort so wichtig dort war,
weil es ein gesprochen Wort war.
(Goethe)

Die klassische persische Dichtung kommt scheinbar aus dem Nichts. Mit Daqîqî und vor allem Ferdousî erstehen ihr im 10. Und 11. Jahrhundert zwei Poeten, die den Maßstab für das kommende Jahrtausend setzen. Sie werden zu Schöpfern der neupersischen Literatur und Sprache, des Fârsî, eines indoeuropäischen Idioms, das in Gestalt des Altpersischen und Mittelpersischen wenigstens zweitausendfünfhundert Jahre zurückweist. Das Altpersische, wiedergegeben in einer Keilschrift, war die Sprache der Achaimeniden (Kyros, Dareios, Xerxes), die wir alle aus der Schule kennen, das vertrackte Pehlewi – eine Mischung aus Persisch und Aramäisch – prägte die mittelpersische Epoche der Sassaniden.

Doch das Nichts hat einen Namen: die Samaniden. Diese Dynastie, deren Mausoleum ich in Buchara (Bochârâ) bestaunen konnte, wirkte im 10. Jahrhundert als großzügiger Mäzen und gilt allgemein als bewusster Förderer der persischen Sprache, die unter den Transformationsdruck des Arabischen gekommen war. Im Jahre 641 schon war Persien/Iran nach der verlorenen Schlacht von Nihawend unter den Einfluss des Islams gekommen, und damit der arabischen Sprache, die als „lingua sacra" des Korans – Gottes eigenes Idiom – naturgemäß einen übermächtigen Einfluss entfaltete. Persische Gelehrte adaptierten das Arabische bald perfekt; in den folgenden Jahrhunderten waren es zum großen Teil ethnische Perser, die als Übersetzer oder Autoren von Originalwerken sich auf vollkommene Weise in Arabisch äußerten und deshalb früher oft pauschal als „arabische Autoren" firmierten.

Doch das Persische behauptete sich, wurde jedoch sprachlich überformt. Man übernahm das arabische Alphabet und vermehrte es um vier Buchstaben, die das Arabische nicht kennt. Mit dem Arabischen drangen unzählige Wörter aus dieser Sprache in das Fârsî ein und verblieben dort auch. Freilich passten die Perser sie, was die Aussprache betraf, ihrer Lautung an, ganz ähnlich wie die Türken, die das später ebenfalls taten, mit arabischen, aber auch persischen und persifizierten Wörtern. Noch heute beträgt der Anteil arabischer Wörter im Fârsî etwa siebzig Prozent. Daran haben auch nationalistisch begründete Sprachreinigungs-Bestrebungen in den dreißiger Jahren des vorigen Jahrhunderts unter Schah Rezâ Pahlawî (1926–1941) nicht so schrecklich viel geändert.

Was die quantiierende, das heißt die mit Längen und Kürzen arbeitende Prosodie, die Dichtungsgattungen und die poetische Bildersprache angeht, so ist der Einfluss der arabischen Klassiker ebenfalls mächtig gewesen. Grundlage für diese Dichtung war bereits die altarabische Beduinen-Dichtung mit ihren Formen der Kasside und des Ghasels sowie den dazu gehörenden Themen. Aus dieser Dichtung heraus entwickelten die Araber dann in islamischer Zeit eine hoch artifizielle Poesie, vor allem in den großen Städten, wie Bagdad, Basra, Damaskus, Aleppo usw. Die Themen reichen von der Theologie bis zum Lebens- und Liebesgenuss, von der religiösen Askese bis zu mystischen Dichtungen. Eine besondere Hochblüte erlebte arabische Dichtung zudem in Andalusien und auf Sizilien.

Inspiration durch die Araber und sprachliche Förderung des Persischen durch die Samaniden bilden den Urgrund der persischen Klassik. In beiden Elementen spiegelt sich eine eigentümliche Dichotomie, die unverändert ihre Wirkung entfaltet. Obwohl die allermeisten Iraner Muslime sind, empfinden sie doch einen gewissen Gegensatz zu den arabischen Muslimen, die mehrheitlich dem Sunnitentum zugehören. Und gelegentlich spielt man die uralte persische Kultur gegen die arabischen „Emporkömmlinge“ aus, die auch Semiten sind.

Die vorislamische Literatur Persiens bewegt sich im Wesentlichen auf der Grundlage der zarathustrisch-religiösen Inhalte aus dem Umkreis der Lehren des Zend-Avesta und der Gathas, in denen die dualistische Lehre des altpersischen Propheten Zarathustra (Zardoscht) sowie deren Abwandlungen und Differenzierungen den geistigen Hintergrund bilden. Aus diesem Dualismus von Licht und Finsternis, Gut und Böse heraus lebt die persische Kultur bis heute. Er hat die Religions- und Geistesgeschichte auch außerhalb des eigenen Kulturkreises tief geprägt, wie neuere Forschungen über die Einflüsse des alten Orients etwa auf das Griechentum oder die religiöse Kultur Palästinas zeigen. Daran war eben nicht nur das antike Ägypten beteiligt, sondern auch Persien.

Das Wunder besteht nun darin, dass es die Perser im Laufe ihrer langen Kulturgeschichte vermochten, einen relativ strengen Dualismus mit ganzheitlichen Lehren zu verbinden, ethisch die Welt aufzuteilen, doch empirisch, als Denkmuster und Lebensvollzug, beides miteinander zu vereinen. Nicht zuletzt ihre Dichter und Denker konnten das und praktizierten diese Synthese auch gelegentlich, nicht allein in ihren Werken. Licht-Metaphysik einerseits und ekstatisches Lebensgefühl andererseits, in dem Sinnliches wie Übersinnliches erfahren wurden, ergänzten einander.

Doch zunächst begann persisches Dichten sozusagen mit einer heroischen Phase, mit Heldenerzählungen, wie das bei vielen Literaturen der Fall war. Im deutschen Sprachraum reicht dies vom Hildebrandslied bis zum Nibelungenlied, in England ist die Artus-Sage der Bezugspunkt, in Frankreich das Rolandslied und die Perceval-Erzählung, in Skandinavien und Island die Edda, in Finnland die Kalewala. Die Türken beziehen sich auf das oghuzische Epos von Dede Korkut und seine Erlebnisse und Abenteuer, die Kirgisen auf den Helden Manas und sein fast übermenschliches Wirken.

In Iran sind es Gestalten wie Faridûn, Zâl, Rostam, Kai Kawûs, Sijawûsch und andere Helden mitsamt ihren edlen Frauen, die für den Geist der kulturellen Morgenröte stehen, als Persien und seine Kultur aus dem Dämmer der Legenden und der Frühzeit erwachten. Um all diese Helden weht der Hauch des Außergewöhnlichen, der schon bei ihrer Geburt zu verspüren war. In den nachfolgenden Versen wird Zâl geboren, der sich dadurch vom Rest der Welt unterscheidet, dass er bereits mit weißen Haaren geboren wird, als Alter.

Ein Genie, Ferdousî, steht am Anfang der persischen Literatur in islamischer Zeit. Um dem Leser einen Begriff vom Klang und der Schönheit der persischen Sprache zu vermitteln, bringe ich im Folgenden die jeweiligen Anfangszeilen der Gedichte, das sogenannte Husn-e matla', den „schönen Aufgang", in einer lesbaren lateinischen Umschrift:

Über die Geburt von Zâl

Kenûn por schegeftî yekî dâsetân
Be-peywandam als gofte-ye bâsetân …

Künden möchte ich heute eine Sage aus alter Zeit,
Eine Geschichte, die gewiss Euer Erstaunen erregen wird.
Sieh, was das Schicksal dem Sâm zugemessen hatte,
Höre gut zu, mein Sohn, höre gut zu!
Kein Kind hatte er, sodass er Schmerz darob empfand,
Sein Herz sehnte sich danach, endlich Ruhe zu finden.
Eine Schöne gab es in seinem Frauengemach,
Ihr Antlitz einer Rose gleich, ihr Haar so schwarz wie Moschus.
Von diesem Mond konnte er hoffen, ein Kind zu bekommen,
Denn die Sonnengleiche konnte Kinder gebären.

Schwanger wurde Nerimân nun von diesem Sâm,
Die teure Last ließ ihren Leib anschwellen.
Von der Mutter getrennt wurde Sâm in diesen Tagen,
Der Schöne, der wie die Sonne die ganze Welt erhellte.
Ihr auch glich das Antlitz jenes Neugeborenen,
Doch seine Haare waren schon so weiß wie Schnee.
Als der Sohn so von seiner Mutter geboren ward,
Gab man Sâm darüber eine Woche lang keine Nachricht.
Der ganze Harem dieses hochberühmten Helden
Bestaunte dieses kleine, neugeborene Kind.
Dem Sâm aber sagte niemand in diesen Tagen,
Dass ihm das Schicksal ein altes Kind zugetragen.

Eine Amme erhielt er, damit er deren Milch bekäme,
Da trat der Held (Sâm) mutig in das Gemach der Frauen,
So konnte sie ihm die Nachricht über das Kind anvertrauen.
Die Zunge öffnete sie und spendete der Sache Lob,

Damit Sâm, der Held, an diesem Tage endlich glücklich war
Und alles Üble aus seinem Herzen ausgerissen.
„Gott hat dir gegeben, was immer du dir gewünscht,
Alle Welt ist glücklich, dass der Wunsch dir erfüllt …"

Aus dem „Schâhnâme" des Abol Qâsem Ferdousî (940–1020) stammt dieser Abschnitt über die Geburt des Zâl, eines der altiranischen Helden, die bis heute im Volk beliebt und bekannt sind und auf die auch moderne persische Literaten immer wieder anspielen. Mit dem Genie Ferdousî konstituiert sich die neupersische Literatur und Sprache. Das „Buch der Könige" ist das Nibelungenlied aller persisch sprechenden Völker geworden und darüber hinaus ein Bildungsgut für die muslimische Welt, für deren Dichter allzumal. Ferdousî und sein Vorgänger Daqiqî, von dem nur wenige Verse überliefert sind, schufen eine Sprache, die bis heute, das heißt tausend Jahre, fast unverändert geblieben ist. Ein zeitgenössischer Iraner hat so gut wie keine Schwierigkeiten, den Text dieses gewaltigen Epos mit seinen bis zu 60 000 Versen zu verstehen, abgesehen davon, dass der Inhalt dieses Nationalgedichtes selbst Analphabeten bekannt, ja oft vertraut ist. Ich selbst habe es bei Busfahrten in Iran erlebt, dass einer der Reisenden aus dem „Königsbuch" zu rezitieren begann, ein zweiter in die Rezitation einstimmte, ein dritter und vierter sie fortsetzten. Manche Menschen in Iran haben hunderte von Versen im Kopf. Ferdousî war zwar Muslim, doch seine Dichtung atmet ganz den Geist des vorislamischen Iran, in dem die Religion Zarathustras (Zoroasters) vorherrschte und von den Mobedân praktiziert wurde, den zarathustrischen Priestern, die eine Art Kaste bildeten. Den hauptsächlichen Inhalt des Epos hat man mit dem Begriff „razm o bazm" zusammengefasst, was man mit „Kampf und Gelage" übersetzen kann. Die iranischen Helden sind todesmutig, die Frauen bildschön, die Feiern nach den Siegen grandios. Historisch spiegelt das „Königsbuch" auch die Auseinandersetzungen zwischen Iran und Turan wider, das heißt der Welt der Iraner („Indo-Arier") und Türken, für die der Begriff „Turan" steht. Das „Königsbuch" ist wahrscheinlich das umfangreichste Epos, das je ein einzelner Dichter geschaffen hat. Arabische Wörter und Wendungen finden noch kaum Verwendung. Ein großer Teil des „Schâhnâme" ist von dem romantischen Dichter Friedrich Rückert (1788–1866) ins Deutsche übersetzt worden. Rückert ist nicht nur eine bedeutende Größe unserer Literaturgeschichte, sondern war – als professioneller Orientalist – einer der genialsten Sprachvermittler zwischen Orient und Okzident überhaupt, der aus insgesamt fünfzig östlichen Sprachen übersetzte. Dabei gelangen ihm sprachliche Anverwandlungen von einer Kunstfertigkeit, die an das Märchenhafte grenzt. So schaffte er es beim „Königsbuch", dessen Versmaß „motaqâreb" im Deutschen perfekt zu vermitteln. Doch gelang ihm dies auch bei komplizierteren Versmaßen annähernd perfekt.

Schon in den antiken Zeiten war im Orient, zumal in religiösen Bezügen, der Genuss berauschender Mittel durchaus üblich. Bei den ost-iranischen Saken etwa der Haoma-Saft als Bestandteil religiöser Riten und mystischer Erfahrungen. Auch die islamische Kultur ist davon nicht frei, wovon sich jeder überzeugen kann, der zwischen Marokko und Pakistan sehenden Auges reist. Wir werden darauf zurückkommen.

Nach der Islamisierung kam nun dem Wein (Alkohol), den der Koran missbilligt, in diesem Zusammenhang eine Bedeutung zu, die ihren Reiz gerade in diesem sogenannten Verbot fand, in der arabischen Dichtung wie in derjenigen aller anderen Islam-Sprachen.

Lob des Weins

Ey bâde fedâ-ye to bowad dschân o tan-e man
K'az bîch bekandî ze del-e man hazan-e man …

O Wein, dir opfere ich meine Seele und meinen Leib,
Denn mit der Wurzel hast du ausgerissen meine Traurigkeit.
Wohl ist mir immer und überall, wo es dich gibt,
Mit dir ist mir mein Tag so glückvoll wie die Nacht.
Was mir mein Herz gewünscht, bescherst du mir,
Vertrautheit herrschet überall, wohin du kommst.
Wo du auch sein magst, auch mich wirst du dort treffen,
Und wo die Trunkenheit vergangener Tage ist,
Wirst du die Spuren meines alten Lagers finden.
O Wein, ein göttliches Geschenk an mich bist du,
Von dir allein kommt für Körper und den Geist die Ruh.

So sei in meinem Krug oder meinem Becher,
So sei in meiner Schale oder meinem Pokal.
Dein süßer Duft sei Weihrauch mir das ganze Jahr,
Die Farbe deines Antlitzes sei meines Kleides Farb'.
Ihr meine freigesinnten Freunde, wenn ich sterbe,
Wascht meinen Leib mit allerrötstem Wein!
Aus Trauben, Reben nur soll dieser Balsam sein.
Aus einem grünen Weinblatt sei mein Leichentuch,
Im Rebenschatten bettet dann mich in mein Grab,
Bis seine allerbeste Heimat findet dort mein Leib.
Am Tag der Auferstehung wünsch ich mir im Paradies,
Dass dort ein Fluss von Wein vom Geber aller Gaben fließ'.

Aus dem „Diwan des Manutschehrî" (gestorben 1040) ist dieses Ghasel entnommen. Ein in seiner Bildersprache typisches Weingedicht. Vorbilder waren die arabischen Weingedichte aus der abbassidischen Epoche (751–1258), etwa die „Chamrijât" des Bagdader Freigeistes Abu Nuwâs. Der Wein (bâde) ist entweder wörtlich gemeint, denn die Freidenker im Islam waren dem Alkohol gegenüber nicht abgeneigt; oder der Wein gilt als Metapher für die mystische Trunkenheit, die Ekstasis, wie sie die Mystiker herbeisehnten. Entgegen dem Religionsgesetz war auch schon im klassischen Islam der Konsum von Rauschgiften, etwa Haschisch, verbreitet. Der aserbaidschanisch-persische Dichter Mohammad Fozûlî schuf sogar ein Versepos mit dem Titel „Bandsch o bâde", (Hanf und Wein), in dem beide Rauschmittel sich necken und darüber streiten, welches von beiden dem Konsumenten „mehr bringe". Darüber werden und können sich alle wundern, die von dem „Weinverbot" im Islam gehört und gelesen haben und auch immer wieder hören, wie drakonisch man etwa in der islamischen Republik Iran heutzutage gegen Rauschgift-Konsumenten vorgeht.

Man kann nun fragen, inwieweit solche Gedichte ein ästhetisches Spiel mit Worten und Metaphern gewesen sind, das sich verselbständigte, oder die gelebte Wirklichkeit abspiegeln. Wahrscheinlich trifft beides zu. Lebenspraxis wie Gedicht konnten die Religionsgelehrten ärgern, von denen freilich manche durchaus ein Auge zudrückten.

Lob des Geliebten

Goftam ma-râ seh bûseh deh ey mâh-e delsetân
Goftâ ke mâh bûseh ke-râ dâd dar dschehân …

Ich sprach: Gib mir drei Küsse, du Mond, der mir das Herz erhellt.
Er sprach: Wen hätte je der Mond geküsst auf dieser Welt?
Ich sprach: Dein Antlitz hellt mit seinem Glanz die Nacht.
Er sprach: Der Mond am Himmel ist es, der das macht.
Ich sprach: An keinem Ort bist du für mich zu fassen.
Er sprach: Der Mond hat keinen Ort, an dem er wohnt.
Ich sprach: Um deiner Augenbrauen willen klagt die Welt.
Er sprach: Aus Furcht vor unserm Monde klagt sie auch.
Ich sprach: dem wunderbaren Rosengarten ähnelt dein Gesicht.
Er sprach: Den Mond im Rosengarten solltest du bewundern.
Ich sprach: Den Weg des Derwischs zeigt' mir dein Gesicht.
Er sprach: Den Weg der Karawane zeigt allein des Mondes Licht.

Ein Liebesgedicht ist dies aus dem Diwan, der Gedichtsammlung, des Amîr Mo'izzî (1048–1125). Eine neckische Rede und Gegenrede, in welcher der schwärmende Liebhaber den Geliebten immer mit dem Mond vergleicht, während der ihn neckende Geliebte den realen Mond ins Spiel bringt, nur, um den Liebhaber noch mehr zu reizen. In der klassischen Lyrik der Perser, die allerdings oft mehrdeutig ist, spielen meist männliche Liebespaare eine Rolle, anders als in der Versepik, wo es um den Liebhaber und die Geliebte geht. Etwa in dem berühmtesten Versepos persischer Zunge von Leila und Madschnûn, oder in Chosrau und Schîrîn, beide von dem Dichter Nezâmî. In früheren Übertragungen in europäische Sprachen hat man bisweilen verschämt den Geliebten zur Geliebten gemacht, um der gültigen heterosexuellen Moral Genüge zu tun.

Das Verhältnis der Geschlechter, die Haltung zur Homophilie etwa ist in der persisch-islamischen Kultur ebenso schillernd wie die Ansichten über den Wein oder Rauschmittel generell. Die orthodoxe Lehre, welche die gleichgeschlechtliche Liebe ächtete und bis heute ächtet, und die Praxis klafften zu allen Zeiten auseinander, Perioden einer gewissen Duldsamkeit wechselten mit Zeiten der Rigidität, wie etwa heute vielerorts. Vor allem die großen Dichter Persiens haben in früheren Zeiten oft die Heuchelei der Frommen und der Mullahs in ihren Gedichten gegeißelt. Auf den Berühmtesten unter ihnen, Hafis, werden wir gleich eingehen.

Werbung

Ân bott-e madschlesforûz emrûz agar bâ mâstî
Madschles-e mâ chorramastî wa kâr-e mâ zîbâstî …

Wenn jener Götze, der die Welt entflammt, mit uns zusammen wäre heut,
Wär' unser Beieinandersein so heiter, unsre Stimmung aufgeräumt.
Nun sind wir dumpf und trunken nur vom Wein, weil er nicht bei uns weilt,
Nicht glücklich sind wir ohne ihn. O, dass er bei uns wäre!
Obwohl wir trunken sind vom Wein und schläfrig unser Geist,
Könnt' er doch zu uns kommen, wenn er doch nur wollte.
Wenn man ihm wenigstens ein Zeichen gäb', wie wohlgesinnt wir ihm,
So sähen wir bald hundert Zeichen seinerseits an uns …

Wieder ein typisches Wein- und Liebe-Gedicht, dieses Mal aus der Feder von Amîr Mo'izzî. Schlüsselbegriffe sind „bott" (Götze) und „madschles" (Beisammensein). Der „Bott" oder Götze, Götzenbild, kommt etymologisch von „Buddha". Gemeint ist ein schöner Knabe, den die Freidenker verehren. Er ist ein Götze, wie die Buddha-Standbilder; das Bild führt also in „heidnische" Gefilde und Lebensräume, die eigentlich dem Muslim „harâm" (tabu) sind, wenngleich nicht für die Freidenker, die ja auch Wein trinken. Der Dichter wünscht die Anwesenheit des schönen Knaben in der Runde der Freunde, die beisammen sind. „Madschles" kommt von dem arabischen Wort „dschalasa", sitzen, es ist der „Ort, wo man zusammensitzt". Eine fröhliche Runde, würden wir vielleicht sagen, in Weinlaune. Doch da der schöne Knabe fehlt, ist man zwar trunken vom Wein, aber die Stimmung ist gedrückt und dumpf, nur er könnte sie aufhellen. Er jedoch hält seine Freunde hin, weshalb sie ob der Entbehrung seiner Gegenwart zu leiden haben.

Platonisch oder nicht? – Man stelle das dem Leser oder Hörer des Gedichtes selbst anheim.

Stirb und werde

Az dschamâdî mordam o nâmî schodam
Waz namâ mordam o haywân bar zadam …

Ich starb aus der Steinheit und wurde zur Pflanze,
Starb aus der Pflanze, bewegte mich (dann) als Tier.
Starb aus der Tierheit, ging als Mensch herfür.
Was also fürchte ich, durch Sterben weniger zu werden?
Ein anderes Mal sterbe ich aus der Menschheit heraus,
Bis ich von den Engeln die Flügel bekomme.
Schließlich werd' als Engel ich geopfert auch,
Werden, was ich nicht begreif: ein Gotteshauch.

Hier findet ein Szenen- und Themenwechsel statt. Wir erklimmen den Gipfel von Philosophie und Mystik (Sufismus) in der persischen Hochliteratur. Aus dem „Diwan des Maulânâ Dschalâl od-Dîn-e Rumî" (1207 bis 1271) scheint dieses Gedicht zu stammen, das auch von Rückert übertragen worden ist. Seine Gedichtsammlung ist unter dem Titel „Diwan des Schams-e Tabrîzî" überliefert, da der Dichter im Namen seines Meisters Schams od-Dîn („Sonne des Glaubens") aus Täbris zu sprechen vorgibt, mit dessen Ich er sich bis zur Identifikation, bis zum Ich-Tausch, in eins setzt. Der Dichter Maulânâ war Theologe und Mystiker, Letzteres vor allem nach seinem Zusammentreffen mit Schams, der ihn in seine mystischen Doktrinen einführte, insbesondere in seine Liebesmystik. Als philosophierender Dichter entwickelte Rûmî einen kosmogonischen Eros, nach dem die göttliche Liebe das gesamte Weltall durchdringt und sich im liebenden Menschen spiegelt. Er selbst und Schams sind dafür gewissermaßen Symbole. Im vorliegenden Gedicht, das man Rûmî zuschreibt, werden der Gedanke der Seelenwanderung und/oder gar der Evolution (Entwicklung des Höheren aus dem Niedrigeren) angedeutet. Die im Menschen freizusetzende Liebe Gottes waltet und entwickelt sich in der gesamten Schöpfung, vom Gestein angefangen bis zum Höhepunkt der Vergeistigung im Menschen, im „vollkommenen Menschen“ (ensân-e kâmel), da die Seele des Mystikers zum Hauch Gottes wird. Vor allem in der Türkei, aber auch in Iran und Afghanistan ist Maulânâ auch heute aus dem geistigen Leben nicht wegzudenken. Bis dato inspiriert er dort und anderswo Dichter, Maler und Musiker. Der auf ihn zurückgehende Mevlevi-Derwischorden pflegt bis heute mit dem Semâ ein mystisches Tanzritual, das Gottesnähe durch Rhythmus und Ek-stasis dem Adepten seiner Lehre vermitteln soll. Sprichwörtlich ist im ganzen Orient das Proömium aus Maulânâs „Spirituellem Epos“ (masnawî-ye ma'nawî) geworden, das die Trennung der menschlichen Seele von ihrem göttlichen Ursprung beklagt und die Sehnsucht nach neuerlicher Vereinigung zum Ausdruck bringt:

Beschnou az ney tschûn hekâyat mîkonad
K'az dschodai-hâ schekâyat mîkonad …

Hör auf der Flöte Rohr, was es erzählt,
Hör, wie es klagt, vom Sehnsuchtschmerz gequält.
Als man mich abschnitt an dem schilfbestandenen See,
Da weinte alle Welt ob meinem Weh.
Ich such ein sehnend Herz, in dessen Runde
Ich reden kann von meines Schmerzens Kunde …

Jeder, der einmal in Persien klassische, mit der charakteristischen Rohrflöte Ney gespielte Musik und diese berühmten Verse gehört hat, weiß, welche wichtige Rolle solche Dichtungen und ihr Geist für die Kultur des Landes gespielt haben und bis heute spielten.

Weniger esoterisch, mehr auf die irdische Liebe anspielend, können wir hingegen die Verse des nächsten Poeten interpretieren:

Traum und Liebe

Emschab ze-ghamat miyâne chûn châham choft
Waz bastar-e âfiyat birûn châham choft …

Heut Nacht aus Gram um dich werd' ich im Blute ruh'n,
Im Bette der Zufriedenheit werd' ich nicht ruh'n.
Du glaubst es nicht? Schick doch dein Traumbild her,
Damit es sieht, wie ohne dich ich werde ruh'n.

*

Du sagtest: Sprich über deines Herzens schweren Gram,
Damit du mir verbirgst das Viele, das zum Ende kam.
Über all meine Herzensgeheimnisse spreche ich mit dir,
Mein Schweigen selbst sogar, es redet jetzt mit dir.

*

Nicht trinke Wein ich wegen der Bedürftigkeit,
Nicht wegen der Verrufenheit und Trunkenheit.
Ich trinke Wein nur um der Fröhlichkeit des Herzens willen,
Doch nun, da du mein Herz erfüllest, trink ich nicht.

*

Mein Haupt leg ich zu Boden an deiner Schwelle,
Mein Herz leg ich an deiner Ringellocke Stelle.
Zur Lippe kam meine Seele, gib einen Kuss darauf,
Damit sie einen Vorwand hat für deines Mundes Quelle.

Wir sind nun am Höhepunkt der persischen Klassik angelangt, worüber sich alle Perser und Menschen persischer Zunge einig sind; darüber gibt es schon lange keinen Streit mehr. Mohammad Schams od-Dîn-e Hâfez (Hafis, der „Zwilling Goethes", 1325 bis 1390) ist der bekannteste Lyriker persischer Sprache überhaupt. Man nannte ihn die „mystische Zunge", wenn man ihn religiös deutete „Lesân ol-ghaib", oder einen Freigeist (rendî), wenn man ihn in diesem Sinne interpretierte. Mystisch fromm und freigesinnt – das ging im alten Persien durchaus zusammen. Beides ist möglich und zu begründen. Obwohl selber ein Korangelehrter (Hâfez ist einer, der den Koran auswendig kann), bringen ihn die Iraner immer wieder in Stellung gegen religiöse Bigotterie und politische Unterdrückung; auch heute. Für seine Vierzeiler ist er weniger bekannt, dafür umso mehr für seine Ghaselen, die in seinem weltberühmten, von Joseph von Hammer-Purgstall (1774–1856) übersetzten Diwan versammelt sind. Diese Übertragung hat Goethe unzweifelhaft zu seinem „West-östlichen Diwan" und zu seiner Beschäftigung mit der persischen, arabischen Poesie und ihrer Bildersprache angeregt. Doch auch die Vierzeiler (robâ'ijât) zeigen ihn als vollendeten Meister der klassischen Bildersprache. Ihr eiferten neben Goethe auch der Orientalist und Dichter Friedrich Rückert, den wir bereits erwähnten, sowie der romantische Formkünstler Graf von Platen in seinen Ghaselen nach.

Der bekannte deutsche Iranist Hans Heinrich Schaeder ist in seinem 1938 erschienenen Werk „Goethes Erlebnis des Ostens" der Frage nachgegangen, inwieweit die sinnliche Bildersprache von Hâfez wörtlich und inwieweit sie metaphorisch gemeint gewesen sei. Wein, Weib oder schöner Jüngling und Gesang – dies war nach seiner Auffassung zunächst durchaus wörtlich gemeint. Weshalb der Dichter ja bei den Frommen Anstoß erregte. Doch auch die metaphorische, ins Mystische reichende Auslegung hält er für legitim, obschon sie erst später aufgekommen sei. Und er zitiert einen berühmten Vers, den Rückert dem Hâfez gewidmet hat und der am Ende vielleicht den Intentionen des Dichters am gerechtesten wird:

Hafis, wo er scheinet Übersinnliches
Nur zu reden, redet über Sinnliches.
Oder redet er, wo über Sinnliches
Er zu reden scheint, nur Übersinnliches?
Sein Geheimnis ist unübersinnlich,
Denn sein Sinnliches ist übersinnlich.

Selten hat ein Westler die ganzheitliche Anschauung des islamischen Orients, in der Transzendenz und Immanenz zusammenfließen, besser erfasst.

Die Dichtungen des Hâfez sind in seiner iranischen Heimat alles andere als bloßes Bildungsgut und „toter Urväter-Hausrat". Ich selbst habe in Schiras im Südwesten Irans, wie schon skizziert, das Grabmal des Hâfez (ârâmgâh) besucht und mich davon überzeugen können, wie sehr man es nicht nur pflegt, sondern täglich mit frischen Blumen, die von Passanten abgelegt werden, den Dichter ehrt – mehr als ein halbes Jahrtausend nach seinem Tod. Hâfez lebte in einer Zeit der politischen Wirren und Gefährdungen, die Herrschaft der Mongolen endete und machte neuer Tyrannei unter regionalen Fürsten der Muzaffariden Platz. Melancholie und bisweilen auch Skepsis hinsichtlich des Wertes der Welt und angesichts ihrer Kontingenz durchziehen, neben Gottvertrauen, das Werk dieses Weltweisen. Schaeder hebt auch hervor, dass er ganz selten nur Lobeshymnen auf die jeweiligen Machthaber sang, wie das sonst üblich war. Auch das macht ihn besonders sympathisch und aktuell – mag auch seine poetische Sprache für uns Heutige schwer zu entschlüsseln sein. Die Gleichförmigkeit der Bilder und ihre ständige Wiederkehr im Gedicht erzeugen ein Sprach-Muster, das man mit den Mustern auf den Perserteppichen verglichen hat – wohl zu Recht.

Auf Sand gebaut – vanitas

Beyâ ke qasr-e amal sacht sostbonyâd ast
Beyâr bâde ke bonyâd-e omr bar bâd ast …

O komm, das Schloss der Hoffnung ist auf Sand gebaut.
Bring Wein, denn unser Leben ist auf Sand gebaut.
Der Knecht des Weisen bin ich, der im blauen Himmelskreis,
Von allem, was Verbindung annimmt, frei sich weiß.
Was soll ich sagen dir, was gestern in der Schänke, trunken,
Der Engel der verborgnen Welt mir heimlich zugewunken:
Verlange nicht Verlässlichkeit von dieser schnöden Welt,
Denn sie ist eine Braut, die es mit tausend Freiern hält …

Dies ist der Anfang einer der bekanntesten Ghaselen von Hâfez, die seinen Realismus/Pessimismus zum Ausdruck bringt. Es ist die Stimmung Omar Chajjâms, eines Vorgängers des Sängers von Schiras, die in den nachfolgenden Vierzeilern ausgebreitet wird. Hänge dein Herz nicht an die trügerische Welt, sondern nutze den Tag. Trinke Wein, und das Jenseits ist besser als das

Diesseits, der Rausch besser als die Nüchternheit. In der Angelegenheit des Jenseits allerdings ist Omar, sein Vorgänger, wie man bald sehen wird, skeptischer als Hafis, der immerhin ein Religionsgelehrter gewesen ist.

Es ist eine unglaublich komplexe Bildersprache, die Hâfez zur Meisterschaft entwickelte, die er einerseits vorfand, andererseits jedoch bereichert an seine „Nachfolger" weitergab. Zum berühmtesten poetischen Bild wurde das von der Rose (gol) und der Nachtigall (bolbol), dem Sprosser oder Vogel der morgendlichen Flur (tschaman), der die Rose ansingt (für den Liebenden und Geliebten oder die Geliebte)

Sobhdam morgh-e tschaman bâ gol-e nouchâste goft
Nâz kam kon ke dar în bâgh basî tschun to schegoft …

Am frühen Morgen sprach der Sprosser zur Rose auf der Flur:
Zier dich nicht so, denn viele sind in diesem Garten aufgeblüht gleich dir.
Die Rose lächelte, denn Wahrheit bringet niemals uns Verdruss,
Doch spricht ein Liebender niemals so harsch mit der/dem Geliebten.
Wenn du aus diesem Becher hier begehrst granatgefärbten Wein,
Musst du durchbohren den Rubin mit deinem Wimpernglied.
In alle Ewigkeit wird Liebesduft die Sinne dessen nicht erreichen,
Der nicht den Staub der Weinhaus-Tür mit seinem Antlitz kehrt …

Das sind teilweise recht befremdliche Bilder der Demütigung, die jedoch den Liebesschmerz in all seiner Tiefe wiedergeben sollen. Der Diwan des Weisen von Schiras wurde von Hammer-Purgstall ins Deutsche übersetzt, und diese Publikation begeisterte, wie man weiß, Goethe so sehr, dass er – der schon immer ein nicht geringes Interesse am Orient wie am Islam gezeigt hatte – für lange Zeit im Studium der orientalischen Dichtung und Welt geradezu versank. Resultat war der im Jahre 1819 erschienene „West-östliche Diwan", in dem Goethe sich auf vollkommene Weise die persische Dichtung, vor allem jedoch Inhalt und Weltsicht des Hâfez anverwandelte. Goethe schlug mit diesem Werk eine Brücke zwischen Orient und Okzident, die bis heute leider noch immer nicht wirklich betreten worden ist; sein Versprechen, dass Orient und Okzident nicht mehr zu trennen seien, blieb weitgehend uneingelöst und eine Angelegenheit von intellektuellen Minderheiten. Man empfand Goethes „Diwan“ in deutscher Sprache als so fremd, dass die erste Auflage des Werkes noch lange Jahre nach ihrem Erscheinen zu haben war. Für Iranisten hingegen ist er eine wahre Fundgrube. Heute sieht man auch ganz deutlich, welch kongenialen Beitrag Goethes damalige Muse Marianne von Willemer für dieses geniale Werk Goethes geleistet hat. Sie war seine Sulaikâ, während er sich mit der Gestalt des Yûsuf oder dem arabischen Dichter Hâtem al-Ta'î und anderen Gestalten aus den koranischen, nahöstlichen Überlieferungen und den großen persischen Epen identifizierte.

Wissenschaft und Dichtung

Der nun folgende Dichter war eine ebenso universale Begabung, wie sie unsere abendländisch-christliche Kultur in der Renaissance hervorbrachte. Im Islam war dies früher der Fall, zu einer Zeit, die wir als „Mittelalter“ oder „Hochmittelalter“ zu bezeichnen pflegen. Der Gelehrte war vor allem Astronom, Naturwissenschaftler, aber auch Mathematiker. Doch in seiner Freizeit dichtete er, obwohl seine Verse alles andere sind als Hervorbringungen eines Amateurs. Ihre Sprache ist vielmehr zugespitzt und geschliffen. Und er empfindet die Welt, in der er sich vorfindet und deren Gesetze er erforscht, als ein unergründliches Rätsel.

Unergründlich

Dar dâyereî ke âmad o raftan-e mâst
u-râ ne bedâyat ne nehâyat peydâst
Kas minazanad damî dar în ma'nî râst
Ke-în âmadan ze kodschâ wa raftan be-kodschâst.

In diesem Kreis, in dem wir hier uns drehn,
Kann ich nicht Anfang, auch nicht Ende sehn.
Noch keiner sagt mir, warum wir hergekommen,
Und keiner weiß, wohin von hier wir gehn.

Dies ist wohl der bekannteste Vierzeiler von Omar Chajjâm (gestorben 1123), dem heute viel zitierten Dichter, der – anders als Hâfez – gerade für seine Vierzeiler berühmt wurde. Es wäre falsch zu behaupten, man habe den Dichter in Persien kaum gekannt, doch richtig ist, dass man ihn in seiner Heimat lange Zeit eben nur als Astronom und Mathematiker gerühmt hatte. In beiden Wissenschaften war er ein ganz Großer. Immerhin stieg auch sein Dichterruhm in den folgenden Jahrhunderten allmählich so an, dass immer mehr Vierzeiler unter seinem Namen kursierten. Die Frage der Echtheit der Verse beschäftigt heute iranische wie europäische Fachleute, wobei die Zahl zwischen „etwa hundert" und „mehreren hundert" oder gar „tausend" schwankt. Heute gilt Omar Chajjâm (der Zeltmacher) auch in Iran als großer Klassiker, obwohl die Mullahs mit seinem skeptischen Weltbild eher Schwierigkeiten haben dürften. Bei ihnen ist er nicht beliebt. Als im Jahre 1859 die Anverwandlung Omars durch Edward Fitzgerald in England in Übertragungen erschien, war dies eine Sensation. Die an sich frommen Viktorianer gerieten an einen orientalischen Dichter, dessen skeptischer Geist zu einem Zeitalter passte, da doch religiöse Zweifel mehr und mehr um sich griffen. Im gleichen Jahr 1859 erschien Darwins erstes Werk über die Entstehung der Arten durch natürliche Zuchtwahl. Dabei war Omar Chajjâm kein Atheist, seine metaphysische Haltung lässt sich aber als skeptisch bis agnostisch beschreiben: Ignoramus et ignorabimus. Andererseits gibt es bei ihm auch Vierzeiler mit tiefer mystischen Sinnsuche, die dann wieder das Wohlwollen der Mullahs und der Koran-Gläubigen fanden. Wie die allermeisten klassischen Dichter Persiens gab Omar den Ratschlag, den „Tag zu nutzen" (carpe diem). Auf Persisch nennt man diese Lebenshaltung „rendî". Dabei spielt natürlich auch der Wein wieder eine Rolle. Omar verkündet jedoch auch eine Ethik, keineswegs ist er ein Prediger der Ausschweifung. Da das Universum ein ganzheitlicher Zusammenhang ist, da Himmel und Erde, Mensch und Tier, „Lebendiges" und „Totes" miteinander verbunden sind, gebührt allen Elementen des Seins Rücksicht und Achtung. Modern gesprochen könnte man Omar für einen Panpsychisten im Sinne Gustav Theodor Fechners (1801–1888) halten: Alles, was ist oder war, ist beseelt und muss mit Rücksicht und Respekt behandelt werden. Der Lehmboden, auf den man tritt, besteht vielleicht aus dem Staub, zu dem ein Leichnam zerfallen ist; ebenso der Ton, den der Töpfer zu einem Krug knetet. Dies sind Bilder, die in den Vierzeilern Omars immer wiederkehren.

Yek qatreh âb bûd ke deryâ schod
Yek zarre-ye châk bûd bâ zamîn yektâ schod
Âmadschodan-e to andar în âlam tschîst
Âmad magasî o na-padîd schod

Einen Tropfen Wasser gab's, der floss ins Meer.
Ein Stäubchen Boden gab's, das wurde Erd'.
Dein Kommen und dein Gehn auf dieser Welt – was ist's?
'Ne Fliege kam und ward gesehn nicht mehr.

Diese philosophische Einsicht in die Vergänglichkeit unseres Lebens und die Kürze und anfällige Flüchtigkeit unseres Daseins machte den Dichter zum Liebling eines Sâdegh Hedâyat (1904–1951), des größten Schriftstellers der persischen Moderne. Hedâyat, in dessen Erzählungen viele Motive seines Vorbildes anklingen (nicht zuletzt seine Skepsis gegenüber dem Islam), erlangte freilich nicht die geistige Größe Omars, der seine Melancholie durch das Denken bewältigte und mit Hilfe seiner Verse vergeistigte und objektivierte, denn Hedâyat verübte 1951 im Alter von nur 47 Jahren in Paris Selbstmord. Wie Edgar Allan Poe, mit dem er große Ähnlichkeit hat, könnte man ihn als *poète maudit* bezeichnen. Omar hingegen wurde uralt. Seine Melancholie und seine metaphysische Skepsis, zusammen mit seinem wissenschaftlichen Werk, machen ihn zu einem zeitlos modernen Geist und Dichter. Doch die Suche nach den einzig echten Vierzeilern und jenen, die nur in der Manier des „Zeltmachers" verfasst worden sind, wird weitergehen. Denn er inspirierte viele Nachahmer, die sich von Form und Inhalt angezogen fühlten.

Carpe diem

Tschun ohdeh namîschawad kasî fardâ-râ
Hâlî chosch dâr în del-e por saudâ-râ
Mey nûsch be-mâhtâb ey mâh ke mâh
Besyâr betâbad o niyâbad mâ-râ

Da niemand weiß, wie die Zukunft sein wird,
Halte fröhlich dieses Herz voller Leidenschaft.
Trink Wein im Mondlicht, o Mond, damit der Mond
Taghell erstrahlt und uns nicht findet.

Iran ist einer jener Orte, an denen das religiöse Denken immer stark ausgeprägt gewesen ist. Man denke an Zarathustra, dessen bis in das Judentum einwirkende Vorstellungen der religiöse Dualismus so viel verdankt, oder an Mâni, der diesen Dualismus auf die Spitze trieb, an die schiitischen Weisen (die Imame), an den Bâb, Bahâ'ollâh und Abdol Bahâ, die Schöpfer der neuen Religion des Bahaismus. Drei Weltreligionen nahmen von Iran ihren Ausgang, dazu die heutigen Formen des schiitischen Islams (ursprünglich war auch der Schiismus arabischen Ursprungs, doch der mystische Genius der Perser hat ihn verwandelt und der iranischen Geistigkeit angepasst). Aber auch die agnostische Skepsis fand immer ihren Platz. Ein großer Teil der bedeutendsten Sufi-Dichter bestand aus „Iranern", eigentlich Persern, oder schrieb zumindest in Persisch. Das prägt diese Kultur bis heute. Vielen modernen Intellektuellen in Iran spricht Omar Chajjâm deshalb aus dem Herzen, wenn er dichtet:

In einer Hand den Becher, in der andern den Koran,
Mal auf verbotener, mal auf erlaubter Bahn.
So bin ich unter dem türkis-gewölbten Himmelsdom
Kein ganzer Heide und kein ganzer Muselman.

So weit Dichtung und Weltsicht des Zeltmachers Omar.

*

Die philosophische, ja ethisch lehrhafte Dichtung ist lange Zeit eines der beliebtesten Genres der persischen Literatur. Ihr größter Meister ist Mosleh od-Dîn-e Saadî, genannt Scheich Saadî, der wohl im Jahre 1292 gestorben ist, sein genaues Geburtsjahr ist umstritten. Zu seiner Weisheitsdichtung passt, dass er offenbar ein hohes Alter erreicht hat. Seine Werke enthalten Lebenserfahrungen und Spruchweisheiten, die er in Gestalt von kurzen, fast fabelartigen

Geschichten darbietet, in die Verse eingeflochten sind, die dann meistens die Quintessenz der Geschichte enthalten. Berühmt dafür ist sein Werk „Golestân" („Der Rosengarten"), das er zwei Jahre nach dem „Bostân", dem „Fruchtgarten", verfasst hat.

Die Ethik Scheich Saadîs ist eine Mischung aus religiösen Lehren, der Lebenserfahrung eines Pragmatikers und einem fast schopenhauerischen Mitleiden mit den Mitmenschen. Bekannt ist sein Vers

To k'az mehnat-e digarân bî-ghamî
Naschâyad ke nâmat nehand âdamî

Du, den nicht Menschenleiden rühren,
Darfst auch den Namen „Mensch" nicht führen.

Das Wort „âdamî" ist bewusst gewählt, denn es bedeutet „Mensch" und „Adam", den ersten Menschen.

Natürlich enthält die Ethik des Dichters viele normative Elemente, die den Menschen erziehen und zum Guten verpflichten sollen, doch hat Rudolf Gelpke, einer seiner deutschsprachigen Übersetzer, darauf hingewiesen, dass seine Lebenserfahrung den Scheich Saadî hier und da auch skeptisch gemacht hat. Etwa wenn er dichtet:

Ein Wolf wird am Ende das Wolfskind,
Auch wenn, die es aufziehen, Mensch sind.

Saadîs Pragmatismus enthält Elemente der Anpassung und der Einfügung, die den modernen Menschen vielleicht hier und da bedenklich stimmen werden, die aber aus der Zeit heraus zu verstehen sind. Als Scheich Saadî seine Werke schrieb, erzitterte der ganze Nahe Osten, und Iran zumal, unter den Invasionen der Mongolen. Von Dschingis Khan bis zu dessen Enkel Hülägü reicht die Kette der Eroberungen des Vorderen Orients, die mit der Zerstörung ganzer Städte und der Massakrierung zigtausender Menschen verbunden war. Noch heute sieht man im Osten Irans die Zerstörungen, welche die Mongolenstürme hinterließen (weitaus schlimmere als die Kreuzfahrer). Dass angesichts solcher Greuel überhaupt noch „Dichter in dürftiger Zeit", wie Saadî, erstanden, grenzt an ein Wunder. Saadîs ethischer Pragmatismus gebar beispielsweise den folgenden Vierzeiler:

> Dem Spruch des Sultans widersprechen wollen,
> Heißt, seine Hand im eigenen Blut zu baden.
> Wenn er am hellen Tag sagt: Es ist Nacht!
> So sprich: Hier sind der Mond und die Plejaden!

Auf gut Deutsch: Stimme ihm uneingeschränkt zu, sonst ergeht es dir schlecht! (nach R. Gelpke).

Es ist die pragmatische Maxime von Menschen, die in der Despotie überleben wollen und müssen, die man deshalb aus heutiger Sicht nicht immer tadeln sollte.

Neben Ferdousî sind Hâfez und Saadî die beiden Heiligen der persischen Literatur, die in alle klassischen islamischen Literaturen hineingewirkt haben, und ihre Grabmäler in Schiras (Schirâz) sind kulturelle Heiligtümer bis heute.

*

Die klassischen Vorbilder aus der Epoche zwischen Ferdousî und Hâfez haben auch in den folgenden Jahrhunderten Form und Inhalt der persischen Dichtung weitgehend bestimmt. Formen wie Ghasel und Kasside oder der Vierzeiler blieben bis weit in das 20. Jahrhundert hinein dominant. Dies war auch in den Dichtungen anderer islamischer „Völker" respektive Sprachen der Fall, etwa bei den Osmanen, Arabern oder muslimischen Indern, wo lange Zeit der Persizismus vorherrschte. Das Persische spielte als Kultursprache im Mogulreich eine bedeutende Rolle, ebenso in Zentralasien, wo der Einfluss der persischen Kultur bis weit in dessen Steppen hineinreichte, bevor eine Emanzipation der Turksprachen auch dort einsetzte. Noch Mohammad Eqbâl (gestorben 1937), obwohl im Denken ein Neuerer und mit dem Ruf des geistigen Vaters Pakistans behaftet, war im 20. Jahrhundert bis in seine Dichtung hinein von den klassischen Vorbildern Persiens geprägt. Dasselbe gilt für die Poeten der ersten Hälfte des 20. Jahrhunderts in Iran, als Dichter wie Mîrzâde

Eschghî, Âref Ghazwînî, Farrochî Yazdî oder Malek osch-Scho'arâ Bâhâr die klassischen Formen meisterhaft weitertrugen. Und dieser Traditionalismus galt überall, wo das Persische – ob in der Form des Darî, wie in Afghanistan, oder als Tâdschik, wie in Afghanistan, Tadschikistan und großen Teilen Transoxaniens – bis heute die maßgebende Sprache ist. Davon hat man in der Regel bei uns im Westen keinen Begriff. So kann man sich bis heute in Buchara, im heutigen Usbekistan gelegen, mit Persisch bei einem großen Teil der Bewohner verständlich machen.

Die moderne, zeitgenössische Poesie Persiens/Irans ist ohne die Berührung mit dem Westen, das heißt vornehmlich europäischen Autoren, nicht denkbar. Die Beschäftigung mit der Dichtung der Fremdherrscher, der Briten und Russen vor allem, aber auch der Franzosen stieß das Tor zur literarischen Moderne auf – wie in der Türkei oder Arabien. Der Siegeszug des Freien Verses setzte ein, die alten Gedicht- und Strophenformen wurden aufgesprengt. Doch auch die größten Revolutionäre und Neuerer der modernen persischen Poesie haben niemals den Respekt vor den alten Meistern und Vorbildern verloren. Im Gegenteil. Ganz neu wurde indessen ein Subjektivismus und Individualismus, der in der klassischen Poesie unter den strengen Formen und hinter den gebräuchlichen Themen und Metaphern nur sehr schemenhaft zum Vorschein gekommen war. Freiheit der modernen Form evozierte auch ganz andere Ausdrucksmöglichkeiten des Denkens und der Seele. Der Subjektivismus des Einzelnen hat die überkommenen Inhalte abgelöst. Nîmâ Yûschidsch, Ahmad Schâmlû, Mohammad Rezâ Schafi'î Kadkanî, Nâder Nâderpur und einige andere kritische Dichter sind inzwischen auch dank der Übersetzertätigkeit eines Kurt Scharf in Deutschland bekannter geworden.

Ähnliches gilt für die Kritik an den politischen und gesellschaftlichen Zuständen des Landes. Zwar hat das moderne Iran, anders als die Türkei, niemals dauerhafte demokratische Strukturen entwickelt, sondern taumelte von der Herrschaft der Qâdschâren über die Verfassungs-Revolution von 1905–1908 in das Zeitalter der beiden Pahlawî-Kaiser, um schließlich in der Mullahkratie der Ajatollâhs zu landen; doch nahmen sich viele der Dichter das Recht heraus, politische Sachverhalte zu kritisieren. Freilich: Ungefährlich war das nicht, und viele mussten in das Ausland emigrieren. Oder sie machten Bekanntschaft mit den Gefängnissen des Schahs, später dann, seit 1979 den Folterkellern des Sawama genannten Geheimdienstes der Ajatollâhs oder dem Evîn-Gefängnis.

Eine besonders bemerkenswerte Erscheinung, im Format etwa Else Lasker-Schüler zu vergleichen, war die Dichterin Forûgh Farrochzâd (1934–1967), die durch einen tragischen Unfall ein allzu frühes Ende fand. Ihre subjektiven, oft recht langen Strophen, in denen sie unablässig über Liebe, Sehnsucht nach Liebeserfüllung, Enttäuschung und das Gefangensein der persischen Frau dichtete, erregten durch ihre – auch erotische – Offenheit den Zorn der Frömmler und dogmatischen Traditionalisten. Dabei war auch ihre Dichtung nicht ohne Vorläuferinnen zu denken. Schon in klassischer Zeit hatten gelegentlich auch Frauen, wie Mahsatî, zur Feder gegriffen, und in der Moderne war die Bahai-Dichterin Tâhere oder Qorrat ol-Ain mit Versen an die Öffentlichkeit getreten. Im 20. Jahrhundert wirkte die Dichterin Parwin E'tesamî als Pionierin, die anderen Poetinnen zum Vorbild wurde.

Zu meinen persischen Papieren gehört ein Band, den ich in Teheran erstand und der den Titel trägt: „Forûgh Farrochzâd, Schatz der Gedichte und Lebensbuch". Er enthält eine einführende Lebensbeschreibung (zendegînâme) der Dichterin sowie ihre wichtigsten Gedichte, etwa die frühen Verse von „Asîr"- „Gefangen" – oder das Langgedicht „Ân rûzhâ" – „Jene Tage", die von Kurt Scharf treffend ins Deutsche übertragen wurden.

Zeilen wie die folgenden galten lange als provokant aus der Feder einer jungen Frau:

To-râ michâham wa dânam ke hargez
Be-kâm-e del dar âghûschat nagîram …

Dich, dich begehre ich; ich weiß, dass ich dich nie
Nach Herzenslust in meinen Armen halten werde
Du bist für mich das klare, helle Himmelszelt
Ich aber ein gefangener Vogel auf der Erde …

In unseren Breiten kann man sich kaum einen Begriff davon machen, wie populär gerade die lyrischen Dichter in Persien bis heute sind. Dies gilt nicht allein für die Klassiker, die ohnehin Gemeingut sind und tief im Volk verbreitet, sondern auch für die zeitgenössischen Poeten. Zwar hat sich die Prosa im 20. Jahrhundert emanzipiert, doch reichen die Iraner noch immer der Poesie (sche'r) die Palme. Moderne Dichter sind nicht selten so berühmt und anerkannt wie anderswo die Fußball-Stars. Man erkennt sie auf der Straße oder in den öffentlichen Verkehrsmitteln. Wie früher sind sie auch noch heute Stimmen des politischen und sozialen Gewissens.

*

„Über arabische Handschriften gebeugt" nannte der bekannte russische Orientalist Kratschkowskij seine Memoiren. Ich selbst habe mich nie über orientalische Handschriften im Original gebeugt, da ich nicht den Weg eines Forschers einschlug; doch beugte ich mich früh über arabische und persische gedruckte Texte – in einschlägigen Grammatiken und Anthologien. So verdanken sich die am Beginn dieses Abschnitts dargebotenen Übersetzungen der Lektüre einer berühmten persischen Grammatik, aus der ich diese Sprache zunächst erlernte. Viele Jahre danach erwarb ich ein Exemplar der vierten Auflage: Persische Grammatik mit Literatur, Chrestomathie und Glossar von Carl Salemann und Valentin Shukovski, Leipzig 1947. Jeder Iranist kennt dieses Werk, von dem ich nun ein ziemlich zerlesenes Exemplar in Händen halte. Die Seiten sind schon recht vergilbt, aber der Druck der persischen Lettern ist noch immer gestochen klar. Ein ästhetisches Vergnügen ist schon allein der Anblick der Texte.

Die Chrestomathie enthält einen Prosatext aus der Târih-e gozîde (Auswahl der Geschichte) von Hamdollâh Qazwinî, der von Hasan-e Sabbâh und der Entstehung des mittelalterlichen militanten Assassinen-Ordens handelt. Dann das oben dargebotene Stück aus dem Schâhnâme des Ferdousî, die Gedichte aus den Diwanen des Manutschehrî und des Amîr Mo'izzî, Vierzeiler von Kamâl Esmâ'îlî und Hâfez. Schließlich einige Verse aus dem „Anwâr-e Soheilî" (Die Lichter des Kanopus), einer persischen Anverwandlung der ursprünglich indischen Bidpai-Fabeln, die unter dem Titel „Kalila wa Dimna" bekannt wurden. Es folgt wieder Prosa aus der „Târih-e gozîde", ein Abschnitt über Bozogmehr, den berühmten Wesir des mittelpersischen Königs Anûschirwân, genannt der Gerechte, aus dem Buch „Latîfe o Zarîfe". Zum Schluss reist der

Schah nach Kerbelâ im Irak, zum Schrein des Hossein, den die Schiiten – neben Alî – als ihren größten Märtyrer ansehen.

Diesem – zugegeben – nach heutigen Begriffen ziemlich altbackenen Buch verdanke ich meine Kenntnisse in der klassischen persischen Sprache. Mobârak schawad! Gesegnet sei es!

*

Isfahan – Stadt der Philosophen

Eine spirituelle Reise nach Persien

Isfahan (Esfahân), das die Perser traditionell als die „Hälfte der Welt" (nesf-e dschehân) bezeichnen, gilt auch fremden Besuchern als eine Perle. Niemand kann sich dem berückenden Zauber dieser Stadt am Zayandeh Rud entziehen, dem fast ambrosischen Duft des Großen Basars, der mathematischen Strenge der Großen Moschee, die bis zur Revolution Masdsched-e Schâh geheißen hatte, ebenso wie dem Staunen über den riesigen Platz, an dessen einer Seite sie sich erhebt. Er ist über fünfhundert Meter lang, seine Fläche umfasst insgesamt mehrere Fußballfelder.

Schah Abbâs der Große spielte auf ihm Polo, das Spiel des persischen Adels, oder er konnte von der großzügigen Terrasse des Alî Qâpu-Palasts aus dem Polospiel zuschauen. Genau gegenüber dieser Terrasse erhebt sich die beeindruckende Moschee des Scheichs Lotfollâh mit ihrer schmucken cremefarbenen Kuppel. Es ist ein einmaliges Ensemble, das selbst im übrigen, an Bauwerken dieser Art reichen Lande Iran seinesgleichen sucht.

Besonders im Herbst entfaltet Isfahan einen unvergleichlichen optischen Charme und ästhetischen Zauber, wenn man die farbige Kuppel oder die Minarette, etwa der Tschehâr Bâgh-Medrese, durch die bunt gefärbten Blätter der Bäume hindurchschimmern sieht. In der Morgensonne kann man am Ufer des Zayandeh-Rud entlangflanieren und der alten Dichter gedenken. Ein Abendspaziergang auf dem Gelände von Tschehel Sotûn, dem Palast der vierzig Säulen, ist an Romantik schwerlich zu übertreffen.

Das alles und noch vieles mehr ist Isfahan.

Aber eine Stadt der Philosophen? Kann man die „Hälfte der Welt" tatsächlich damit in Verbindung bringen? Für uns Europäer ist es selbstverständlich, Königsberg mit dem großen Immanuel Kant zu verknüpfen, Athen natürlich mit Platon und Sokrates. Rom mit Seneca und so weiter. Inzwischen hat sich auch herumgesprochen, dass in fernen Tagen in Bagdad oder Córdoba der eine oder andere arabische Denker von sich reden machte. Aber in Iran, in Isfahan gar? In Persien? Gab es persische Philosophen von Format in einem Land, dessen berühmte Dichter von Rosen und Nachtigallen sangen? Diese, zumindest, kennt man ja. Nicht zuletzt dank Goethe.

Man muss nicht immer den Eurozentrismus bemühen, um europäisches Nichtwissen zu begründen; und doch spielt er immer mit hinein. Erst seitdem ein genialer Forscher wie Henry Corbin (1907–1978) es wagte, sich auf iranische Gelehrte einzulassen und deren Erkenntnisse für eigene Forschungen fruchtbar zu machen, beginnt sich ein Wissen darüber auszubreiten, dass es eine iranisch-schiitische Philosophie gibt, deren Anfänge bis in das Mittelalter zurückreichen, deren Höhepunkt freilich im Zeitalter von Descartes erreicht wurde. Und dieses Denken hallt bis heute nach, ja manche unkonventionellen Geister, welche die religiös-dogmatische Gesinnungsdiktatur der Mullahs ablehnen, studieren dieses Denken in all seiner Mannigfaltigkeit und Tiefe durchaus mit Gewinn.

Seit Corbin sprechen wir von der „Schule von Isfahan" oder den „Theosophen von Isfahan". Mittlerweile werden sie immerhin in Spezialwerken und Enzyklopädien erwähnt, ihr Denken behandelt, nicht jedoch in den Darstellungen der Philosophie, die in Europa erscheinen: Diese beginnen in der Regel mit den Vorsokratikern und enden mit den zeitgenössischen westlichen Denkern. Im Kapitel über das Mittelalter geht man dann auch ein wenig auf die „arabischen Philosophen" ein, betont deren Vermittlerrolle des aristotelisch-platonischen Corpus an die Scholastik. Doch das war es dann. In meinem im Jahre 2004 veröffentlichten Buch „Die Denker des Propheten" schrieb ich ein Kapitel über die Philosophen Isfahans. Doch war diesem Büchlein keine besondere Wirkung beschieden.

Corbin und der iranische Philosoph Seyyed Hossein Nasr sind es im Wesentlichen, assistiert von Dschalâl od-Din Aschtiyânî, die das Thema nach vorne gebracht haben, dank der vielbändigen Bibliothèque Iranienne, die wir ihnen zu verdanken haben. Beide Denker haben ihrer Darstellung dieser persischen Philosophie jedoch eine Deutung gegeben, die mit ihrer besonderen esoterischen Weltschau zusammenhängt. Dies ist nicht ohne Widerspruch, vielmehr ergänzende Interpretationen geblieben, die mehr die traditionell rationalistische Seite dieses Philosophierens hervorkehren, ohne die Esoterik und Mystik unbeachtet zu lassen.

Ich möchte vorausschicken, dass die nächsten Seiten dem Leser einige Mühe bereiten werden, denn sie werden von einer geistigen Sphäre handeln, die dem heutigen Mitteleuropäer fremd geworden ist: der Metaphysik. Zwar hat Mitteleuropa in den Jahrhunderten, die auf das Mittelalter folgten, ein großes metaphysisches Denken und dessen jeweilige Repräsentanten hervorgebracht, etwa Descartes, Leibniz, Spinoza, Kant, Hegel und viele andere; doch deren Fragestellung, ob der Erscheinungswelt eine andere, tiefere Welt, eine „Hinterwelt", wie Nietzsche es nannte, zugrunde liege, und ob man davon etwas erkennen und wissen könne oder nicht, beschäftigt die heutigen Menschen Mitteleuropas oder auch Nordeuropas nur noch peripher und gelegentlich. Es ist die Frage nach der Transzendenz, nach dem „Jenseits", wenn man so will, von dem die Religionen reden, der „Anderswelt". Säkularismus und Positivismus haben die Frage danach entweder bei vielen ganz zum Verstummen gebracht, weil sie nicht zu beantworten oder illusorisch sei, oder verwässert zugunsten einer vagen Hoffnung, vielleicht komme nach dem Tod „doch noch etwas". Es handelt sich, um es auf de Punkt zu bringen, um nichts Geringeres als die Gottesfrage.

Doch in der Regel setzt man ganz auf die Ergebnisse der Naturwissenschaft, die den Schluss unabweisbar nahezulegen scheinen, dass es außer der Welt des Sichtbaren und allenfalls der unsichtbaren, aber feststellbaren Welt der Elementarteilchen nichts anderes mehr gibt. Intellekt ist Materie oder deren Produkt, die Seele im Grunde nur noch ein Wort für irgendwelche Komplexe und Traumata, der Geist einer Kultur, wie etwa der christlichen, islamischen oder sonst irgendeiner auf Kategorien der Soziologie, wenn nicht gar der bloßen Mentalität reduziert. Der Nominalismus hat auf der ganzen Linie gesiegt. Universelles außerhalb der Mathematik und der durch sie beschriebenen Naturgesetze gibt es gar nicht. Fast niemand mehr spricht von der Natur des Geistes, sondern allenfalls von kognitiven Fähigkeiten; und diese sind individuell.

Die philosophische Theosophie, von er wir nun handeln werden, dachte da noch ganz anders. Und sie anerkannte außer dem logisch-rational voranschreitenden Intellekt des Menschen auch noch andere Erkenntnisweisen und -fähigkeiten. Zwar haben die persischen Denker im arabischen Sprachgewand all jene Termini verwendet, die schon von den alten Griechen geschaffen wurden, doch kommen auch Begriffe aus der Religion und vor allem der Mystik, dem Sufismus, hinzu. Sie wirken fremd auf den Westler, wie oft auch der sprachliche Duktus oder auch nur die Titel, die man den Werken gegeben hat und die einigermaßen poetisch klingen mögen, weniger abstrakt, wie man das sonst von der Begrifflichkeit der Philosophen gewohnt ist. Mit der Ausnahme vielleicht von Platon, der neben streng sprachlichen Formen des Argumentierens auch die mythologische und legendenhafte Form verwendet, um seine Gedanken zu erläutern oder ihnen einen Grund zu geben. Man denke etwa an den Timaios.

Wer sind nun die Philosophen oder Theosophen von Isfahan? Nicht alle stammten aus dieser Stadt, doch viele lebten zumindest einige Zeit in ihr und wirkten dort. Das hing auch damit zusammen, dass Iran in jenen Tagen unter den Safawiden seinen kulturellen Höhepunkt erlebte und diese Dynastie Isfahan zu ihrer Hauptstadt auserkor.

Gewissermaßen der Gründervater dieser Denkschule ist Scheich Bahâ'î, der Mir Dâmâd (gestorben 1630) als seinen bekanntesten Schüler heranbildete. Dazu gehören außerdem Mir Fandaraski und Mullah (Mollâ) Sadrâ Schirâzî (gestorben 1640). Er ist der bedeutendste Denker der ganzen Schule, stammte aus Schiras (Schirâz), verbrachte jedoch einen großen Teil seines Lebens in Isfahan. Die Schule wirkte weiter über Mohsen Faiz Kaschânî bis zu Mullah Hâdi Sabzewarî im 19. Jahrhundert. Ihre höchste Blüte erlebten die Theosophen von Isfahan in der ersten Hälfte des 17. Jahrhunderts, sie waren demnach Zeitgenossen von Descartes, der 1650 starb.

Iranische Gelehrte (Rouschanzamir, Johardelwari) haben sich mit den Gedanken der je einzelnen Philosophen beschäftigt. Das können und wollen wir hier gar nicht leisten, sondern es geht uns darum, einen Gesamteindruck von der spezifischen Art und Weise dieses geistigen Herangehens an Gott und die Welt zu vermitteln. Insgesamt gehört es zur philosophia perennis, das heißt zu jenem Weltbild, das eine integrale metaphysische Vision von Gott, der Welt, dem Menschen als körperlichem und geistigem Wesen darbietet. Mit dem einseitigen zeitgenössischen Denken Europas, mit Existenzialismus, Materialismus, Szientismus, Empirismus, Relativismus, Zweckrationalismus und so weiter hat es nichts zu tun. Allerdings auch nicht mit einer spiritualistischen All-Geistigkeit, die das Materielle verächtlich macht; es ist ganzheitlich und allheitlich, versucht, alle Aspekte des Irdischen, Weltlichen und Überweltlichen zu umfassen. Vor allem gilt das für das Werk Mollâ Sadrâs, in dem viele den Höhepunkt jener spezifisch persischen Philosophie sehen.

Es wird noch viele Generationen dauern, bis das Gesamtwerk der Schule bis in alle Verästelungen und Einzelheiten hinein entschleiert sein wird. Die meisten der Texte sind in Arabisch verfasst, wie das damals – in Analogie zur lateinischen Kirchen- und Gelehrensprache im Abendland – im islamischen Orient üblich war. Hinzu kommt freilich die Komplexität dieser Werke, die inhaltliche Fülle und Mannigfaltigkeit ihrer philosophischen wie theologischen Quellen. Und auch die Fremdheit, das Ungewohnte der Anschauungen.

Die Tatsache, dass man von den „Theosophen" von Isfahan spricht, macht deutlich, dass es sich bei ihnen nicht um ein „gewöhnliches" Denken handeln kann, das heißt um das, was man unter dem modernen Rationalismus versteht. Dieser hat im Westen einen Siegeszug sondergleichen erlebt und alles hinweggefegt, was noch aus früheren Jahrhunderten an Denken, Wissen und vor allem Weisheit ihm im Wege gestanden hatte. Allein das kausale Schließen und Verknüpfen empirischer Daten gilt ihm noch als Erkenntnis; und man behauptet, dies allein führe zu wahrer (gemeint ist richtiger) Erkenntnis. Tut es aber nicht. Alle in diesem Sinne rationalistischen Philosophen müssten ja zu demselben Weltbild gelangen. Tun sie aber nicht. Zwei mathematische Logiker, Russell und Whitehead, kamen am Ende ihres Denkweges, der rationalistisch in diesem Sinne war, zu völlig anderen Ergebnissen. Whitehead endete als Metaphysiker und Gläubiger, Russell als Anti-Metaphysiker und Atheist.

Der Rationalismus der Isfahaner umfasst das, was auch wir in Europa als Rationalismus bezeichnen, das kausale folgerichtige Denken anhand der Logik. Doch anerkennen sie auch andere Formen des Wissens und der Erkenntnis: die Intuition, die schöpferische Imagination und existenzielles Wissens, das man mehr als innere Wesensschau bezeichnen könnte. Ein Teil dieser Methoden ist mitteilbar und erlernbar, ein anderer Teil gerade nicht oder nur begrenzt. Dieses Denken ist also nicht nur vom logischen Räsonieren dominiert, sondern entwickelt auch Methoden, die der islamischen Mystik, dem Sufismus (tasawwof), entlehnt sind. Es ist eine Art Schauen-Denken, wie es auch vielen schöpferischen Künstlern zu eigen ist. Wer dieses Schauen-Denken für Unsinn hält, braucht sich mit den Theosophen von Isfahan nicht zu befassen. Er wird dann aber niemals eindringen können in jenen Kosmos des persisch-orientalischen Denkens und Empfindens, der diese ganze Kultur strukturiert.

Corbin hat klar herausgearbeitet, dass es innerhalb dieses Denkens bestimmte „Linien" gibt, die ein wenig voneinander abweichen; doch das geistige Reservoir, aus dem diese Denker schöpfen, ist weitgehend eines.

Da ist zunächst die koranische Offenbarung und ihre geistige Durchdringung durch die an sie zeitlich anschließenden Schulen der Theologie, vor allem der rationalen Theologie (kalâm). Die Vielfalt dieser Schulen kann hier nicht dargelegt werden, doch das wichtigste Problem war für sie alle, wie sich die göttliche Prädestination mit dem koranischen Appell für ein ethisches Leben verträgt. Hier ist man schon inmitten einer philosophischen Fragestellung – nämlich der Frage nach der Freiheit des Einzelnen. Die Antworten reichten von der gänzlichen Bejahung der Vorherbestimmung (qadar) durch Gottes Allmacht und Ratschluss bis zur Befürwortung von Freiheit und Verantwortlichkeit (bei den Mutaziliten und Aschariten) des einzelnen Menschen vor Gott.

Die zweite Quelle der Isfahaner war die hellenisierende Philosophie muslimischer Denker (falsafa). Vom kalâm unterschied sich diese durch ihren Rückgriff auf die altgriechischen Philosophen, insbesondere Platon und Aristoteles, Letzteren noch mehr als Ersteren. In den Islam gelangt waren deren Werke durch Übersetzungen, die von arabischen oder nahöstlichen Christen aus dem Altgriechischen über das Syrische (Syriac) ins Arabische vorgenommen worden waren. Schon seit dem 10. Jahrhundert – etwa durch den Philosophen al-Fârâbî – nahm die neuplatonische Lehre von der Emanation (faiz) eine überragende Rolle ein. Sie stammte von dem platonisierenden Philosophen Plotin, wurde jedoch als Bestandteil der aristotelischen Philosophie angesehen. Unter dem falschen Titel einer „Theologie des Aristoteles" rezipierte man in Wahrheit einen Teil der Enneaden des Plotin, und so kam es auch, dass man den Unterschied zwischen dem Denken Platons und den Ansichten des Stagiriten damals für viel geringer hielt, als er in Wirklichkeit ist. In jedem Fall bot die Vorstellung einer Emanation der geistigen Wirklichkeiten und materiellen Dinge den Denkern des Islam eine vorzügliche Möglichkeit, den Prozess der göttlichen Schöpfung als ein Hervorgehen aus dem Schöpfer zu deuten.

Die dritte Quelle war die, schon seit al-Kindî im 9. Jahrhundert, im Islam fest verankerte Schule der Peripatetiker. Freilich nicht einfach als das eins zu eins übernommene Denken des Aristoteles, sondern vor allem in der Form, die der große persische Philosoph und Arzt Ibn Sina (Ibn-e Sînâ) dem Denken des Aristoteles gegeben hatte. In unseren Breiten ist dieser persische Weltweise mittlerweile aus Romanen und Filmen in der Art des „Medicus" bekannt geworden, das lateinische Mittelalter kannte ihn als Avicenna. In seinem philosophischen Hauptwerk, dem „Buch von der Genesung der Seele" (kitâb al-schifâ), schafft Ibn Sina eine Summe und Synthese aus dem aristotelischen Hylemorphismus, neuplatonischen und auch sufischen, das heißt mystischen Anschauungen. Schon der Titel des Buches macht deutlich, dass es diesem Denker und erst recht seinen Nachfolgern nicht allein um abstrakte Erkenntnis ging, sondern dass sie im Prozess der Wahrheitsfindung durch Denken und Erkennen auch einen Aspekt der seelischen Gesundung sahen. Vom modernen europäischen Rationalismus ist das doch himmelweit entfernt. Ich habe in einem meiner vor vielen Jahren erschienenen Aufsätze zum Avicenna-Jubiläum den Titel verwendet: „Von der Anschauung der Wahrheit zur Genesung der Seele". Nicht Faktenwissen und bloße Richtigkeit im Erkennen war Ibn Sînâs alleiniges Ziel, sondern das Gewinnen von Weisheit. Die Theosophen nennen diese Hikma, oder auf Persisch Hekmat.

Der Sufismus ist aus diesem Anschauen der Wahrheit, in dem sich Ratio und innere Schau mischen, als Mittel der Erkenntnis nicht wegzudenken. Im Islam begann der Sufismus schon wenige Jahrzehnte nach des Propheten Mohammed Tod als eine Asketenbewegung im Irak, in Basra und in Bagdad. Diese Frommen wandten sich gegen die im Entstehen begriffene Gesetzesfrömmigkeit, sie strebten nach einer Verinnerlichung des Glaubens, die sie gleichzeitig als Vertiefung verstanden wissen wollten. Nicht in erster Linie Gott zu gehorchen, lautete die Devise, sondern Gott im Inneren der Seele existenziell zu erfahren. Dafür entwickelten die Sufis gewisse meditative Praktiken, die sich je nach Bruderschaft voneinander unterschieden. Das Wort „tarîqa" (Weg) nahm so zwei Bedeutungen an: einmal die Methode, zur mystischen Erfahrung zu gelangen, zum andern bedeutete es auch den Zusammenschluss der Gleichgesinnten zu einer sufischen Gemeinschaft. Bis heute spielen diese Bruderschaften in allen Ländern des Islams eine bedeutende Rolle in der Volksfrömmigkeit wie in der Gesellschaft insgesamt.

Dies war freilich nicht immer so. Die Rationalisten und Dogmatiker aller Religionen und Zeiten hatten schon immer Aversionen gegen jene gehegt, die die Exoterik der offiziellen Lehre durch die Esoterik des inneren Sinnes ergänzen wollten. Dies war auch im frühen Islam der Fall, als manche sufische Ekstatiker nicht nur des Pantheismus, sondern schlichtweg der Ketzerei geziehen wurden.

Hauptanliegen der Sufis war und ist es, die Nähe Gottes in ihrer Seele zu „erfahren". Die christlichen Mystiker sprachen vom Einswerden der Seele mit Gott, der unio mystica und der *coincidentia oppositorum*, vom Zusammenfallen der Gegensätze in der Wahrnehmung der Einheit alles Geschaffenen in Gott. Die islamischen Mystiker verwendeten den Begriff des „Entwerdens" der Seele in Gott (fanâ fî Allâh). Dieser Zustand wird nicht um seiner selbst willen angestrebt, sondern hat auch ethische Konsequenzen. Denn der mystische Pfad soll dazu führen, die Ichsucht zu überwinden und in der Seele den Willen zum Guten und zur Brüderlichkeit zu wecken und zu festigen.

Die Religionswissenschaft weiß heute, dass es praktisch keine Form höherer Religion gibt, die nicht auch eine Mystik entwickelt hätte. Was die Buddhisten als Erreichen des Nirwana anstreben, die Hindus als Sat cid ananda oder Seins-Gewahrseins-Seligkeit, das bedeutet der Zustand des Fanâ für die muslimischen Sufis. Unter den zahlreichen Schulen der Mystik, die sich herausbildeten, gab es solche, die das Religionsgesetz der Scharia beachteten und integrierten (bâ-schar) und solche, die dem Gesetz keine besondere Beachtung schenkten (bî-schar). Sie waren reine Esoteriker, die im mystischen Pfad zu Gott und seinen Konsequenzen den wahren Inhalt des Glaubens erkannten, während die Befolgung des Gesetzes ihnen als Äußerlichkeit galt. Ja manche, wie die Malâmatija, verstießen bewusst gegen das Religionsgesetz – in pädagogischer Absicht, um sozusagen als Gegenreaktion im jeweiligen Gegenüber den Sinn für das ethisch Gute zu wecken und zu fördern. Ohne Übertreibung kann man sagen, dass insbesondere der religiöse Sinn der Perser gegenüber der Mystik aufgeschlossen war, sodass ihre Form des Islam bis heute von Mystik durchtränkt ist.

Nicht wenig Anteil daran hat der Perser Abu Hâmid Mohammad al-Ghazzâlî aus Tûs in Ost-Iran, in dessen Person – er starb im Jahre 1111 – die meisten Muslime bis heute ihren größten Gottesgelehrten überhaupt verehren. Ghazzâlî war Theologe und Philosoph, machte sich jedoch auch mit den Lehren der Mystik vertraut. Als Theologe schuf er das umfassende Corpus dessen, was heutzutage als islamisch traditionalistischer, nicht fundamentalistischer „mainstream" angesehen werden könnte, als Philosoph brachte er in seinem Werk Tahâfut al-falâsifa (Die Inkohärenz der Philosophen) skeptische Einwände gegen die Ansprüche des rationalen Denkens vor, das Gesamthafte der Wahrheit zu erkennen, die in manchem an die antike Skepsis oder an die Skepsis eines David Hume denken lässt. Sein größtes Verdienst war es indessen, dass es ihm gelang, die gemäßigten Formen des Sufismus in den Islam zu integrieren, sie gewissermaßen hoffähig zu machen.

Fortan begann sich die Mystik in zwei große Richtungen zu verzweigen: in die Praktiker und Theoretiker des Sufismus. Während die Praktiker in bisweilen eindringlichen Texten über ihre inneren Erfahrungen berichteten, betätigten sich die Theoretiker in ihren Traktaten als, wie Corbin sie nennt, „docteurs soufis", die sich detailliert mit den Methoden der Mystik und ihren Folgen für das religiöse Weltbild beschäftigten. Ihr größtes Vorbild, das bis weit nach Persien hinein ausstrahlte, war der aus Andalusien stammende Muhyi al-Dîn Ibn al-Arabî (1174–1240), kurz Ibn-e Arabî genannt, der in seinen Traktaten, aber auch in stärker literarisch und poetisch akzentuierten Werken eine philosophisch-religiöse Weltdeutung entwickelte, die bis heute unter dem Namen „wahdat-e wodschûd" (Einheit des Seins) überliefert ist. Natürlich wurde auch dieser erschöpfende Versuch, Gott, Welt und Mensch zusammenzudenken, als Pantheismus verleumdet. Der Sufi-Denker deutet das Universum indessen als eine Theophanie (tadschallî), das heißt als eine Selbst-Offenbarung, Selbst-Entäußerung Gottes. Das Weltall ist gewissermaßen seine Spiegelung. Er hat das islamische Geistesleben zutiefst geprägt und gerade auch in Persien Fuß gefasst; die Werke der Theosophen von Isfahan sind ohne Ibn-e Arabîs Schriften schwer vorstellbar.

Damit freilich sind die Quellen der Isfahaner noch längst nicht ausgeschöpft. Man darf nicht vergessen, dass die Perser, bevor sie Muslime wurden und sich in der Periode der Safawiden endgültig zu einer schiitischen Kultur entwickelten, bereits auf eine Religionsgeschichte zurückblicken konnten, die bis in die Zeit Zarathustras zurückreichte. Mit Mani hatten die Perser dann im 3. nachchristlichen Jahrhundert einen Religionsstifter hervorgebracht, der den Dualismus von Gut und Böse, Licht und Finsternis auf die Spitze trieb. Altiranische Religion ist Lichtreligion.

Dass die Perser sich in ganz besonderer Weise dem Schiitentum im Islam zuwandten, hängt gewiss damit zusammen. Die Schiiten sind die „Partei Alis", Anhänger des Propheten-Vetters Alî Ibn Abî Tâlib, in dem sie bis heute den einzig legitimen Nachfolger und Erben Mohammeds sehen. Zwar war der Schiismus ursprünglich ebenso arabisch wie der Islam selbst; und Schiiten gibt es in allen Ländern des Islam. Doch die Aura, mit welcher die frühen Schiiten die Lichtgestalt Alîs umgaben, musste auf viele Perser äußerst anziehend wirken. Hinzu kam, dass die Schia recht bald im Ringen mit den Sunniten politisch ins Hintertreffen geriet, was natürlich auch für die Perser galt, denn deren Kultur war vom aufstrebenden Islam erobert und schließlich dominiert worden. Dass man sich nach einiger Zeit stärker mit der Konfession der Schiiten identifizierte, trug auch dazu bei, sich von den einstigen Eroberern in gewisser Weise abzusetzen. Dieser persisch-arabische Gegensatz ist unter dem Namen „schu'ûbija" in die islamische Geistesgeschichte eingegangen und wirkt bis heute nach. Ich selbst bin in Iran immer wieder darauf gestoßen, dass Iraner ihren Stolz als uralte Kulturnation gegenüber den arabischen „Wüstensöhnen" ins Feld führen, deren Glauben man gleichwohl nach den militärischen Niederlagen hatte annehmen müssen.

Alî Ibn Abî Tâlib ist eine buchstäbliche Lichtgestalt in den Augen der schiitischen Perser. Als leiblicher Verwandter ist er nach ihrer Auffassung Träger des prophetischen Lichtes (nûr-e Mohammadî), das vom Stifter des Islams auf ihn übergegangen ist. Dies ist eine göttliche Lichtsubstanz und als solche Teil des göttlichen Wesens, das im Koran selbst teilweise schon als Licht beschrieben wird, im berühmten Lichtvers (âyat-e nûr), in dem Gottes Wesen als „Licht über Licht" (nûr 'alâ nûr) charakterisiert wird. So wird begreiflich, dass zumindest bei den radikalsten der schiitischen Sekten Alî selbst auch vergöttlicht wird. Es ist das im Koran beschworene göttliche Licht, das bei den Schiiten wichtig wird, aber wohl auch ein Restbestand uralten esoterischen Wissens aus altiranischer Zeit, das da zu Buche schlägt.

In allen Hochreligionen spielt das Licht eine wichtige Rolle, wenn es darum geht, das Wesen Gottes zu charakterisieren. Doch bei den schiitischen Persern ist dies so stark ausgeprägt, dass ich sie als „Photiker" bezeichnen möchte, vom altgriechischen Wort für Licht „phôs". Das prophetische, das göttliche Licht wirkt auch in den schiitischen zwölf, respektive sieben Imamen weiter, die den Schiiten allesamt heilig sind und deren letzter in die Große Verborgenheit entrückt worden ist. Am Ende der Zeiten wird er wiederkehren und als „Herr der Zeit" (sâheb-e zamân) eine gerechte Herrschaft auf Erden errichten. In der Zwischenzeit wirkt er unsichtbar in die Welt hinein.

Die schiitischen Moscheen sind Welten des Lichts. Ihr Inneres. Ihre Gebetsnischen sind mit Spiegelwerk ausgekleidet, in dem sich das Licht auf mannigfaltige Weise bricht. Lichtmetaphern durchziehen die Sprache der schiitischen Theologen und Philosophen.

Ein wahrer Anbeter des Lichts, der für die Theosophen von Isfahan eine konstitutive Rolle spielte, war der mystische Philosoph Schehâb al-Dîn Sohrawardî, der im Jahre 1191 im Kerker in Aleppo den Märtyrer-Tod starb – als eines der vergleichsweise wenigen Opfer, welche die Philosophie im Islam zu beklagen hatte. In seinem Werk gehen schiitische Licht-Theologie, Mystik und Neuplatonismus eine Symbiose ein, die man als „Schule des eschrâgh" bezeichnet. Das persische Wort „eschrâgh" bedeutet Erleuchtung, Lichtung, des Geistes, der selbst lichthaft gedacht wird. Die Welt wird von Sohrawardî als eine Lichtsubstanz wahrgenommen, die verschiedene Abstufungen des Lichts enthält, alles, was existiert ist von lichthafter Natur: Gedanken der Gnosis und des Neuplatonismus werden zusammengefügt, wobei der Erkenntnisprozess durch den menschlichen Geist ein Prozess des stufenweisen Aufstiegs ist – eben einer Erleuchtung oder inneren „Lichtung", bei der auch – neben der rationalen Erkenntnis – die Intuition eine Rolle spielt.

Während es in englischer Sprache Werke über Person, Leben und Denken Sohrawardîs gibt, ebenso in Französisch, sind die deutschen Darstellungen rar. Umso verdienstvoller ist da ein Werk, das im Jahre 2011 im Verlag der Weltreligionen erschienen ist: Shihab al-Din al-Suhrawardi. „Philosophie der Erleuchtung" (Hikmat al-ishraq, aus dem Arabischen übersetzt und herausgegeben von Nicolai Sinai). Es ist eine konzise Zusammenfassung von Sohrawardîs Hauptwerk in deutscher Sprache, die lange überfällig gewesen ist. Sie enthält den Text des langen Traktats sowie eine Einführung mit ausführlichem Kommentar und eine „Vorgeschichte" des muslimisch-hellenistischen Denkens seit al-Fârâbî im 10. Jahrhundert mit den Schwerpunkten Avicenna und al-Ghazzâlî (gest. 1111). Nicolai Sinai legt Wert darauf zu betonen, dass Sohrawardi neben seinen allegorischen, mehr mystisch auszulegenden Schriften auch streng philosophisch argumentierende verfasst hat – wie eben den vorliegenden Traktat über die Ekenntnis durch Erleuchtung. Durch die speziellen esoterischen Interessen Henry Corbins und Seyyed Hossein Nasrs sei ein etwas einseitiges Bild sowohl von Sohrawardî als auch den späteren Denkern von Isfahan entstanden. Deshalb habe sich unter anderem der Begriff „Theosophen" von Isfahan etabliert, obwohl die Bezeichnung „Philosophen" ebenso treffend, wenn nicht treffender sei. In der Tat ist Corbin einem Denken zuzurechnen, das sich auch den esoterisch-mystischen Traditionen des christlichen Abendlandes zugehörig weiß und diese im Orient wiederentdeckt.

Fassen wir zusammen: iranische Lichtlehren, koranische Verkündigung, schiitische Imam-Sphäre, rationale Theologie, Sufismus, das Denken Ibn-e Sînâs und der Peripatetiker sowie die Vorstellung von der inneren Erleuchtung des Verstandes, eschrâgh, wie Sohrawardî dies visionär entworfen hat, bilden die Quellen jener schiitischen Safawiden-Philosophie, deren Höhepunkt in der ersten Hälfte des 17. Jahrhunderts in Isfahan erreicht wurde und dessen markantester Repräsentant Mollâ Sadrâ gewesen ist.

*

Neben Scheich Bahâ'î ist es insbesondere Mir Dâmâd, der die Grundlagen für das Denken der Schule von Isfahan gelegt und somit auch einen Mollâ Sadrâ erst möglich gemacht hat. Ich folge hier inhaltlich jener Darstellung, die ich bereits früher von dieser Filiation gegeben habe (S. 144 ff.). In seinem Hauptwerk, dem „Buch der Geistesblitze" (kitâb al-qabasât), beschreibt dieser Denker die geschaffene Welt als eine Manifestation Gottes. Spiegelmetaphern und Lichtvergleiche werden von Mir Dâmâd bemüht, um zu verdeutlichen, wie sich diese Manifestation Gottes vollzieht. Schon Ibn-e Arabî hatte den Begriff der Spiegelung verwendet, allerdings auch geschrieben, Gott sei „logisch früher" als seine Selbst-Manifestation, um dem Vorwurf des Pantheismus zu entgehen. Dieser wurde jedoch trotzdem immer wieder laut, wie auch gegen Mollâ Sadrâ.

Was wir hier mit dem Wort „Geistesblitze" übersetzt haben, kann man natürlich auch etwas weniger salopp formulieren. Erkenntnis ist nach der eschrâgh-Philosophie „Erhellung", ein Hell-Werden über den Zusammenhang der Dinge. Intuition und Erhellung sind das Erbe des Sufismus und der Tradition Sohrawardîs, doch deutet Mir Dâmâd den Prozess der Schöpfung auf ungleich direktere Weise als seine Vorgänger. So entfällt bei ihm die Zwischenwelt Hurqalîja oder Barzakh, die bei diesen als eine Sphäre zwischen Gott und Welt gestanden hatte – ein Erbe der altiranischen religiösen Vorstellungen, die man als eine Art „Engelssphäre" gedeutet hat. Insbesondere Corbin war in die Angelologie, die Lehre von den Engelwesen, fast wie vernarrt und betrieb seine religionshistorischen und iranistischen Studien in dieser Richtung.

Mir Dâmâds Schüler Mollâ Sadrâ nun baute dessen Gedanken zu einem umfassenden philosophischen System aus. Mollâ Sadrâ wurde 1571 in Schiras, gewissermaßen der Konkurrentin Isfahans, geboren. Er war das einzige Kind eines Beamten, ein Einzelkind also in einer Welt, die nicht anders als in der Regel kinderreich beschrieben werden kann. Wir können heute darüber spekulieren, ob dies dazu geführt hat, in dem begabten Jungen den Hang zur Grübelei, zur Nachdenklichkeit zu wecken und zu fördern. Es mag so gewesen sein, obwohl wir es natürlich nicht sicher wissen können. Hatte ihn anfangs noch Scheich Bahâ'î geprägt, so wurde anschließend Mir Dâmâd sein eigentlicher Lehrmeister, der ihn mit den oben erwähnten Quellen und Denkern vertraut machte. Der Wohlstand Isfahans und die Toleranz unter Schah Abbâs dem Großen kamen der Philosophenschule entgegen; gleichwohl waren deren geistige Abenteuer nicht ungefährlich. Denn selbst in jenen vergleichsweise glorreichen Tagen schiitischer Herrschaft beäugten die gelehrten Theologen klassischer Provenienz die freieren Geister mit Misstrauen. Zwar war eine Institution wie die Inquisition in der islamischen Welt weitgehend unbekannt (es gab sie annähernd zwanzig Jahre während der Herrschaft der Abbasiden von Bagdad), doch ein Zuviel der „Ketzerei" konnte durchaus gefährlich werden. Nicht zuletzt die Bevölkerung der Stadt war nicht in der Lage, dem abstrakten Höhenflug der Isfahaner Denker zu folgen. Schon Mir Dâmâd hatte das zu spüren bekommen. Die Stimmung in der kunstsinnigen Metropole verschlechterte sich jedenfalls so sehr, dass Mollâ Sadrâ Isfahan verließ und sich in Ghom, einer der heiligen Städte der Schiiten, niederließ – sozusagen im sicheren Schatten der Fâteme-ye ma'sûmeh, der Schwester des achten Emâm (Imam) Rezâ, die dort unter einer goldenen Kuppel begraben liegt. Er blieb insgesamt eineinhalb Jahrzehnte dort, ehe er wieder nach Isfahan zurückkehrte. Gegen Ende seines Lebens begab sich der fromme Muslim zum siebten Mal auf die Pilgerfahrt nach Mekka, verstarb jedoch im Jahre 1640 im Irak. In der südirakischen Stadt Basra, am Zusammenfluss von Euphrat und Tigris, kann man noch heute sein Grab besuchen. Und bis heute ist der Südirak auch ein Zentrum des Schiitentums. Mollâ Sadrâs Haus kann in Schiras besichtigt werden.

Zeitgenössische Philosophen wie der bereits erwähnte Seyyed Hossein Nasr preisen Mollâ Sadrâ in den höchsten Tönen und sind bemüht, seine umfassende, in der Tat erstaunliche Synthese all jener oben angeführten religiösen, philosophischen und mystischen Quellen zu aktualisieren. Man kann da in der Tat manches Erstaunliche zutage fördern, doch sollte man es auch nicht übertreiben. Islamische Apologeten neigen heutzutage oft dazu, der islamischen Zivilisation Erkenntnisse und Errungenschaften zuzuweisen, die bei näherem Hinsehen doch ein wenig gewaltsam wirken. Im Übrigen hat der Islam dies gar nicht nötig, denn seine wirklichen Leistungen in Kunst und Wissenschaft in seiner klassischen Epoche sind erstaunlich und preiswürdig genug. Dieser Gefahr der Übertreibung übrigens erliegt der deutsche Orientalist Max Horten nicht, dem wir die erste Darstellung des philosophischen Weltbildes Mollâ Sadrâs verdanken („Das philosophische System von Schirazi", übersetzt und erläutert von Max Horten, Strassburg 1913.).

Mollâ Sadrâ werden ungefähr fünfzig Werke zugeschrieben, zum Teil von beträchtlichem Umfang. Wichtig sind seine drei Hauptwerke: Kitâb al-asfar al-arba'a fî al-hikmat al-muta'âlija (Buch der vier Reisen zur transzendenten Gotteserkenntnis/Weisheit); des weiteren al-mabda' wa al-ma'âd (Über den Anfang und das Ende, die Rückkehr zu Gott, ein Titel, den auch andere Denker schon verwendeten), sowie das Werk al-schawâ'id al-rubûbija (Über die göttlichen Erleuchtungen, ein Buch über die Philosophie des eschrâgh). Die drei Bücher enthalten Lehren der Metaphysik, der Wissenschaft, der Eschatologie sowie der illuministischen Erkenntnistheorie. Man kann sie als eine Summe nicht nur der Gedanken Mollâ Sadrâs, sondern sämtlicher seiner Vorgänger bezeichnen. Neuartig an ihr ist, dass Mollâ Sadrâ – anders als sein größtes Vorbild Sohrawardî – die Sphäre eines reinen Licht-Spiritualismus verlässt und das Sein als Sein, aber dennoch im „Lichte der Licht-Metaphysik“ deutet. Termini wie Potenz (Möglichkeit) und Akt (Handlung), Hylê (Stoff) und Morphê (Form) sind hingegen reiner Aristotelismus, jene Prinzipien, mit deren Hilfe Aristoteles die Unklarheiten zu beseitigen versuchte, die sein Lehrer Platon dem Komplex von Ideen (geistigen Urbildern) und ihrer Konkretisierung als Daseiende mitgegeben hatte.

Wir hatten schon darauf hingewiesen, dass das Denken Mollâ Sadrâs und der Isfahaner Philosophen zwar ein Rationalismus ist, doch unsere heutigen Auffassungen davon weit übertrifft. Erkenntnis ist für sie meistens untrennbar mit der Kontemplation, dem beschaulichen Lebensstil, verbunden. Auch mit dem Streben nach einer Reinigung der Seele und des Geistes, damit beide für die reine und unverstellte Schau (griechisch theoria, arabisch schuhûd) der Wahrheit frei werden, rein wie ein Spiegel. Denken und Erkennen sind weniger Tätigkeiten, Betätigungen des Geistes (schon gar nicht des bloß rechenhaften, klügelnden Intellekts) allein, als vielmehr Lebensformen und Lebensgestaltungen, die innerlich ganz auf die allheitliche Wahrheit ausgerichtet und orientiert sind. In der abendländischen Philosophie wird man ähnliche Haltungen noch in der Philosophie Platons, bei den Pythagoräern oder bei einigen Denkern des christlichen Mittelalters antreffen können. Das Streben nach Wahrheit und Erkenntnis der Wahrheit wird nicht als abstraktes Ziel, sondern unmittelbar mit dem Willen nach Läuterung des Menschen in einem religiös-mystischen Sinne in Verbindung gebracht. Wahrheit soll vor allem auch innerlich erfahren und „gelesen“ (intellegere) werden, die Seele nähren, weniger als ein immer größer werdender Bestand und/oder eine Summe bloß zutreffender Fakten erscheinen.

Der beste Kenner Mollâ Sadrâs, der nun schon mehrfach erwähnte Seyyed Hossein Nasr, charakterisiert den Grund der Metaphysik dieses Denkers als eine „umfassende Lehre vom Sein“. Die höchste Erkenntnisart ist die intuitive Erleuchtung, wie die eschrâgh-Schule Sohrawardîs es gelehrt hatte. In ihr zeigt sich die Welt als ein Urgrund des einen und ungeteilten Seins. Nasr bringt hier sogar Martin Heidegger ins Spiel, wenn er hervorhebt, Mollâ Sadrâ habe dreihundert Jahre vor diesem die „Frage nach dem Sein“ neu gestellt, im Unterschied zu den bloßen Seienden und seinen Vereinzelungen. Über solche Einordnungen kann man nun trefflich streiten, doch interessant sind sie allemal, obschon natürlich auch in Bezug auf Heideggers Behauptung, die Philosophie habe das Sein vergessen, umstritten. Interessant ist zudem, dass Mollâ Sadrâ durch die Hervorhebung des Seins-Begriffes sich von seinem Vorbild, dem reinen „Lichtgeist" Sohrawardî, doch ein wenig absetzt. Sadrâ hat eben auch Kenntnisse von der im Hoch-Islam entwickelten Forschung in Medizin, Astronomie und anderen Naturwissenschaften, die nun bei ihm zu Buche schlagen und seinem metaphysischen Denken eine kräftige Portion Realismus beimischen.

Das Sein erscheint Molla Sadra als die grundlegende Wirklichkeit, die er nach Art und Weise der „Einheit des Seins" (wahdat-e wodschûd) im Sinne Ibn-e Arabîs interpretiert. Dessen „monistischer Idealismus" – solche Definitionen sind alle mit Vorsicht zu verwenden – hatte in den Jahrhunderten zuvor das persische Denken tief durchdrungen; es war den orthodoxen Theologen eben nicht gelungen, seine Lehre zu entzaubern oder als bloße Ketzerei zu verurteilen. Von Ibn-e Arabî übernimmt der Isfahaner Philosoph auch die Vorstellung der platonischen Ideen oder Archetypen (ayân thâbita), die alle Seienden strukturieren.

Als originellsten Begriff von Molla Sadras System sehen viele seine Vorstellung von der „(trans-)substanziellen Bewegung" (al-haraka al-dschauharija) an. Sie ist das Herzstück seiner transzendentalen Theosophie (hikma al-muta'âlija). Gemeint ist damit nicht das, was wir als Bewegung der Körper im Raum ansehen und was die Physiker beschäftigt (zu seiner Zeit gerade auch in Europa einen Leibniz oder Newton), sondern etwas Umfassenderes, Metaphysisches. Sie ist also nicht messbar und in mathematische Formeln zu fassen. Nasr deutet sie als Mitte zwischen zwei Extremen. Die Welt wird nicht, wie die Occasionalisten lehren, in jedem Augenblick von Gott neu geschaffen – jeweils zwischen Vernichtung und Entstehung; sie ist aber auch kein dynamisches Universum, wie die Darwinisten sagen. Gleichwohl bedeutet die substanzielle Bewegung natürlich eine Dynamik. Corbin verwendet für sie den Terminus einer „Unruhe des Seins" (l'inquiétude de'l être). Das Universum ist ein nicht ans Ende kommender Prozess, der jedoch auch seine tiefste Tiefe erfasst, nicht allein die Welt der Erscheinungen: „Aus dem Sperma wird ein Fötus, aus dem Fötus ein Kind, aus dem Kind ein Erwachsener nach seiner körperlichen und geistigen Reife. Der Körper wird mit dem Alter schwächer, doch Geist und

Seele stärker, bis sie sterben und die ‚Welt des Imaginalen' erreichen. Schließlich gelangen sie zur Gegenwart Gottes" (Lerch, S. 148.). Dies ist der Lehre der Sufis entnommen, die dies als höchstes Ziel ihres kontemplativen Pfades annehmen. Wir werden gleich noch näher darauf eingehen.

Mit hilfe der substanziellen Bewegung und Unruhe versucht Mollâ Sadrâ auch, die Vorstellung von einer Schöpfung aus dem Nichts verständlich zu machen. Für ihn ist die Welt, wie es der Koran lehrt, der Zeitlichkeit unterworfen und selbst zeitlich. Ein Unterschied zu Ibn-e Sînâ und al-Fârâbî sowie zu Aristoteles, für welche die Welt ewig ist, ihr Schöpfer ein ewiger, doch selbst unbewegter Beweger. Modern im höchsten Maße ist dieses Denken, insofern es einen Abschied von der Welt der Eleaten nimmt, die eine Unbeweglichkeit des Seins angenommen hatten – eine Auffassung, zu der heute kein Physiker oder Astrophysiker mehr neigt.

Mit hilfe von Prinzipien wie „Seelenpflege" und „Vergeistigung" versucht Mollâ Sadrâ auch, das bis heute ungelöste Leib-Seele-Problem anzugehen. Wie – wenn überhaupt – hängen Leib und Seele zusammen? Als Muslim will er natürlich verstehen, wie das Schicksal der Seele nach dem leiblichen Tod, die Auferstehung, vorzustellen ist. Dazu bringt er Gedanken, die nahezu revolutionär zu nennen sind. Die Seele entsteht war mit dem Körper, doch im Laufe des Lebens kann sich das Geistige im Menschen durch den Prozess der Kontemplation und lichtenden Erkenntnis so sehr spiritualisieren, dass sie in die Gegenwart Gottes gelangt. Die islamischen Mystiker fanden dafür den Begriff des baqâ fî Allâh, der Dauer der Seele in Gott, nach dem sie in Gott „entworden" ist (fanâ fîi Allâh) Wir haben es hier mit einem typischen Element der Gnosis zu tun, der Erlösung durch Erkenntnis als Vervollkommnung des Geistes. Es ist dies freilich eine Erlösung, die darin begründet ist, dass ihr Zweck die Erkenntnis des Heiligen ist, wie auch der Geist selbst schon als heilig angesehen wird – wie die gesamte Schöpfung. Unwillkürlich fühlt man sich an Goethe erinnert, der – obwohl hier und da eher skeptisch gesinnt – doch glaubte, dass durch eine lebenslange geistige Tätigkeit „kein Wesen zu nichts zerfallen" könne, oder an Baruch Spinoza und seine Lehre vom amor Dei intellectualis, der geistigen Liebe zu Gott (Natur, Substanz), als welche er den Erkenntnisprozess charakterisierte. Diese Liebe ist auch die Liebe, mit der Gott sich selbst liebt. Spinoza war ein durchaus mystisch gestimmter Rationalist.

*

Seyyed Hossein Nasr sieht in der Philosophie der Theosophen von Isfahan und besonders des Mollâ Sadrâ den Höhepunkt der islamischen Philosophie nach deren Absterben im arabischen Westen, das heißt nach Ibn Ruschd (Averroes, gest. 1198). Damit erweist er dem persischen Denken eine hohe Reverenz. Er selbst sieht sich in dieser Tradition und hat sie – unter anderem in seinen berühmten Gifford Lectures – dargestellt, die er als erster Muslim seit deren Gründung 1889 an der Universität von Edinburgh halten durfte. Eines der Resultate war sein Buch „Knowledge and the Sacred“, das im Jahre 1990 auf Deutsch erschien: „Die Erkenntnis und das Heilige“.

Nicht nur darin, auch in anderen Werken hat er das traditionale Denken des Orients der westlichen Moderne entgegengestellt. Sie sieht er als den eigentlichen „Ausreißer“ in einer Kette des traditionalen Denkens, deren Glied er, der Westen, auch einmal gewesen ist, die er aber gesprengt hat – zugunsten einer Entsakralisierung der Welt, des Denkens und auch der Kunst. Im Westen erkennt er den Siegeszug des „prometheischen Menschen“, der bestrebt ist, den „pontifikalen Menschen“, der sonst überall noch vorhanden ist, zu bekehren. Insbesondere der Orient hat das Erkennen immer als einen Akt der Heiligung betrachtet, während die moderne westliche Gelehrsamkeit alleine Maß und Zahl sowie den Sinnenschein sowie den Nutzen, die Nützlichkeit, anerkennt. Die Erkenntnis wurde profaniert, die Philosophie, die Liebe zur Weisheit, zu einer Art Misosophie – Verachtung der Weisheit, wenigstens der traditionalen, bei einer Vergötterung des allein faktischen Wissens.

In Mollâ Sadrâs Werk sieht Nasr einen bedeutenden persischen Beitrag zur philosophia perennis, die es schon immer gab und die in allen Hochkulturen verbreitet gewesen ist. Für sie ist die Welt, da eine göttliche Schöpfung, heilig – wie auch alle Wesen, die sie bevölkern, heilig sind. Die religiösen Dogmen und akzidentiellen Auffassungen sind zweit-, wenn nicht drittrangig. Oft gesellschaftlich bedingt, aber nicht Bestandteil der ewigen Wahrheit, die immer sie selbst bleibt. Auch das Erkenntnisvermögen des Menschen ist heilig, die Erkenntnis eine Art Gottesdienst. So erklärt sich auch, dass jene Gesetze., die der Mensch im Universum erkennt und mathematisch formuliert, auf die Wirklichkeit auch wirklich zutreffen: Auch die Mathematik hat letztlich sakralen Charakter, da sie im menschlichen Geist nichts anderes ist als die Abspiegelung und/oder Adäquation jenes größeren Geistes, der die Welt geschaffen, ins Leben gerufen, bewirkt oder wie auch immer hat. Seine Lectures in Edinburgh hielt Nasr nicht nur, um die persische Philosophie bekannter zu machen, sondern auch, um dem Westen einen östlichen Spiegel vorzuhalten und ihn an seine eigenen traditionalen Erkenntniswege zu erinnern, die verschüttet gegangen sind. Er sieht das Gravamen nicht darin, dass der Westen die Politik vom Glauben getrennt hat, sondern das Wissen und die Vernunft von der Religion, von ihrem heiligen Ursprung. Wissen, Weisheit, auf Sanskrit veda hängt mit videre zusammen – sehen, schauen.

Ein Wald ist nicht nur eine Ansammlung von Bäumen mit Ästen und Zweigen, aus Holz, Nadeln und Blättern, nicht nur Fotosynthese und Blattgrün, er ist auch heilig. Wasser ist nicht allein H^2O, sondern ebenfalls heilig, denn es ist das Element des Lebendigen. Oder, wie der Koran es ausdrückt: „Aus dem Wasser stammt alles, was lebt – wa min al-mâ' kullu schai hayyun". Dem griechischen Denker Heraklit, der heute aktueller ist denn je, war dies bewusst, als er schrieb, die Natur sei voll von Göttern. Dem „Dunklen", wie manche ihn nannten, war die Tiefe der Welt in diesem weisheitlichen Sinne vertraut.

Dem modernen westlichen Prometheus gilt dies alles als Magie, als bloßer Aberglaube, und er versteht auch den allegorischen „Begriffsapparat" und seine Symbolik nicht mehr, die in unserem Kulturkreis sogar die Griechen als große Wissenschaftler und Denker mit ihren Nymphen, Faunen, und anderen „Naturgeistern" entwickelten; deren einziger Zweck war es, den Dingen in der Natur und den Sachverhalten im Leben, über die man nachdachte und die man erforschte, einen Sinn über deren bloßes Existieren oder Sich-Ereignen hinaus zu unterlegen.

Seyyed Hossein Nasr und sein christlicher Bruder Henry Corbin haben indes nicht nur von den Theosophen von Isfahan und ihren Vorläufern gesprochen, sondern auch Wissen über andere persische Philosophen verbreitet, die möglicherweise noch weniger bekannt sind als Mollâ Sadrâ oder Mir Dâmâd, so über die Schule von Schiras oder die Philosophen von Aserbeidschan, deren Zentrum die Stadt Täbris (Tabrîz) gewesen ist. Der Westen hat im Orient noch vieles zu entdecken. Er tritt ihm jedoch vielerorts als Belehrender gegenüber, als hätte er nichts zu lernen von ihm. In Iran wird Mollâ Sadrâ noch heute studiert, ebenso wie die ganze Richtung der Schule des Illuminismus – eine Form der Erleuchtung (enlightenment), die uns wenig bekannt ist. Was wäre nicht alles möglich, wenn die dort herrschenden Mullahs erst einmal ihr Machtmonopol und die Deutungshoheit über das, was allein Wahrheit sei, verlören? Auch von der Begegnug mit den besten der europäischen modernen Philosophen könnten sie profitieren. Ein Teil von deren Werken wird auch in das Persische übersetzt, doch aufmerksamen Lesern fällt leider immer wieder auf, dass wichtige Passagen in deren dogmenkritischen Werken fehlen – aus Angst vor deren Sprengwirkung. Ein Mollâ Sadrâ hingegen stieß in Neuland vor. Ohne die Traditionen aufzugeben, auf denen sein Denken fußte.

Im 19. Jahrhundert galt der Philosoph und Theologe Mullah Hâdî Sabzewâri als Erbe der Isfahaner Schule; und in unserer Zeit versucht ein Denker wie Mohammad Hâ'erî-Yazdî an dieses Denken anzuknüpfen.

*

Erkenntnis und Ekstase

Über den Iranisten Rudolf Gelpke

Mit dem Werk des Iranisten Rudolf Gelpke wurde ich in den siebziger Jahren bekannt. In den bibliophilen Bänden der Manesse-Reihe erschienen seine Übertragungen persischer Literatur, die mich begeisterten. Neben modernen persischen Erzählern und der Märchensammlung „Liebe und Abenteuer des Amîr Arsalân“ von Nâqib al-Mamâlek legte Gelpke klassische Werke Irans, wie den „Rosengarten“ von Scheich Saadi und die Versepen des großen Nezâmi, in einem lebendigen Deutsch vor, wie man es einem nüchternen Gelehrten aus der Schweiz nicht unbedingt zugetraut hätte. So wurde ich erstmals mit „Laila und Madschnun“ bekannt, dem berühmtesten Liebesepos des Orients, das in meiner künftigen „Karriere“ als Autor noch eine Rolle spielen sollte, sowie mit der Übertragung von Haft Peikar, den „Sieben Geschichten der sieben Prinzessinnen“, ebenfalls von Nezâmi.

Wissenschaftlich befasste ich mich mit seiner Darstellung der iranischen Literatur, die 1962 bei Harrassowitz in Wiesbaden erschien: Die iranische Prosaliteratur im 20. Jahrhundert. Ich besitze den schmalen Band noch heute, versehen mit unzähligen Unterstreichungen und Anmerkungen. Ich las das Buch als willkommene Ergänzung zu Bozorg Alavis „Geschichte der modernen iranischen Literatur“.

Jahre später geriet ich an ein Buch Gelpkes, das für mich so etwas wurde wie ein Erweckungserlebnis. Sein ursprünglicher Titel „Drogen und Seelenerweiterung“ passte ganz und gar nicht in mein Welt- und Lebensbild, denn Gelpke warb darin für den unbeschränkten Gebrauch von Drogen, respektive Rauschmitteln. Das war meine Sache nicht. Ich stand den „Blumenkindern“ ebenso fern wie den Achtundsechzigern. Ich las das Buch „an“ und entsorgte es nach einem kurzen Einblick. Als es später unter einem anderen Titel erschien, erwarb ich es auf Neue und wurde Feuer und Flamme, denn nun, unter dem Titel „Vom Rausch im Orient und Okzident“, begriff ich erst den eigentlichen Sinn und Hintersinn des Werkes, dessen Text im Übrigen unverändert war.

Gelpke war 1972 gestorben, im Alter von gerade einmal 44 Jahren. Wohl doch an den Folgen seiner Drogen-Experimente. Dies war ein schlechter „Beweis" für die angebliche Unschädlichkeit der Drogen, und ich bin mir nicht sicher, ob der Autor, wäre er älter geworden, in seinen Urteilen darüber nicht doch „bürgerlicher" geworden wäre.

Freilich kann man dieses großartige Buch auch lesen und mit Gewinn rezipieren, ohne seine Apologetik der Drogen zu teilen. Ich begriff nach der Lektüre endgültig, wie verschieden Orient und Okzident in ihrer Weltauffassung doch sind. Entscheidend in diesem Buch war nicht die Apologie und Typologie des Rausches, die Gelpke gab, sondern die religions- und geistesgeschichtlichen Unterschiede zwischen dem Westen und dem Osten. Schon immer hatte ich die Auffassung vertreten, dass es so etwas gebe wie eine westöstliche Weltgegensätzlichkeit. Hier fühlte ich mich bestätigt, denn es gelang dem Iranisten Gelpke, anhand der persischen Literatur, Philosophie und Theologie jene Gegensätzlichkeit herauszuarbeiten, die auch unabhängig von den Drogen gilt.

Gewiss: Auch zuvor hatten Denker die Unterschiede zwischen den beiden Welten – wie überhaupt zwischen dem Westen und den außereuropäischen Kulturen – herausgearbeitet. Etwa der Kulturphilosoph Graf Keyserling in seinem Reisetagebuch eines Philosophen. Auch bei Rudolf Steiner hatte ich etliches darüber gelesen. Ebenso bei Egon Friedell und Oswald Spengler. Doch Gelpke blieb nicht im Ungefähren, sondern gab detailliert Auskunft.

Sein Buch beginnt damit, die Rausch- und Ekstase-Feindlichkeit des Westens herauszuarbeiten. Er kontrastiert den Kampf des modernen Staates gegen die Rauschmittel, der um der Gesundheit seiner Bürger willen geführt wird, mit dessen immer brutaler und „effektiver" werdenden Methoden des Krieges und einer Mentalität des „Time is money", die dem westlichen Tatmenschen zur zweiten Natur geworden ist. Schon seit den Anfängen einer nachweislichen Kulturgeschichte haben sich Menschen zwar berauscht, doch die rauschhafte, ekstatische Lebensform hat sich im Christentum am wenigsten entwickelt und verschwindet mehr und mehr. Der Nüchternheits-Fanatiker, Zweckrationalist und unermüdlich disziplinierte „Akteur" beherrscht das Feld und die Welt: Und er dehnt seine Lebensform auf den Rest der Welt aus. Gelpke bezieht in seine Kritik am „funktionalen und funktionierenden modernen Menschen“, der durch rauschhafte Zustände nur gestört würde, auch die Erotik mit ein. Und er gibt da dem heiligen Paulus, dem Verächter des Fleisches und der Lust, die Hauptschuld. Allenfalls der Wein, respektive der Alkohol mit seinen eher grobschlächtigen Formen der Rauscherzeugung, finde Zustimmung im Westen, eine Art Befuselung, die dazu führe, dass man anschließend umso besser funktioniere. Jene europäischen Künstler, die den Rausch und die Trunkenheit zelebriert und für ihr Werk schöpferisch gemacht hätten, seien immer eine Minderheit gewesen und gesellschaftlich am Rande gestanden.

Wie anders hingegen der Orient! Ihm ist der Rausch eine geradezu vertraute Lebensform, seit den Tagen der Zarathustra-Priester. Hier spricht nun der Iranist und Persien-Kenner mit der gesamten Autorität seiner Kenntnisse. Und er zeichnet ein völlig anderes Bild der islamischen, hier hauptsächlich persisch-schiitischen Kultur, als wir es gegenwärtig haben – nach der Heraufkunft und Machtergreifung fundamentalistischer, islamistischer und terroristischer Strömungen. Gelpke schrieb sein Buch lange vor der islamischen Revolution in Iran und dem vorläufigen Sieg verbohrter Dogmatiker in vielen Ländern des Islam. Sicher gab es auch im Islam und in Persien zu allen Zeiten orthodoxe Schriftgelehrte, die sich als die einzig wahren Hüter des „wahren Glaubens“ verstanden, doch es gab Jahrhunderte lang auch das ganz Andere: Theologen, die tolerant waren, ein weites Herz hatten und vieles nicht nur duldeten, sondern sogar rechtfertigten, was den Dogmatikern unangenehm aufstieß.

Gelpke entfaltet ein Tableau der Rauschmittel, die im klassischen Islam Persiens im Schwange waren, angefangen vom Haschisch, dem Hanf, bis hin zum Opium und natürlich dem Wein, dessen Konsum zwar „haram“ war, aber von vielen Gelehrten doch geduldet wurde. In der klassischen Poesie Persiens zählt die Anzahl der Weingedichte wohl nach Tausenden.

Die stärksten Partien von Gelpkes Buch handeln davon, und von den jeweiligen Beispielen.

Ya ayyuhâ as-Sâqî, adir ka'san wa nâwilhâ
Ke eschq âsân nomûd awwal wali oftâd moschkelhâ …

„Komm, o Schenke, reich den Becher uns, kredenze ihn,
Denn anfangs schien die Liebe leicht, doch nun ist sie dahin" …

Dies sind die berühmtesten Zeilen jenes Dichters Hâfez (Hafis), mit denen dessen Diwan beginnt und die den reifen Goethe so sehr für ihn einnahmen. Ohne Übertreibung kann man sagen, dass der gesamte Diwan des Hâfez mehr oder weniger vom Wein, vom Rausch, von der Ekstase handelt. Immer spielt auch die Erotik mit hinein, mit deutlichen Anspielungen auf den schönen Jüngling. Und der Dichter bildet den Höhepunkt einer ganzen Reihe von Poeten, die ihm voraufgegangen waren – oder ihm nachfolgten. Ob Ferdousî oder Nezâmî, ob Saadî oder Châqânî, ob Kamâl Chodschandî oder Fozûlî – und dies sind nur die allerberühmtesten der persischen Lyriker. Viele andere wären hinzuzufügen.

Die Weinseligkeit der persischen Poeten ist insgesamt ein vielschichtiges Phänomen. Manche Gedanken und Empfindungen dieser Gedichte vermitteln und bestätigen den Eindruck, dass der Konsum von Wein (bâde) tatsächlich zunächst dem Vergessen dienen soll, dem Vergessen der menschlichen, politischen, gesellschaftlichen Misere. So jedenfalls interpretieren das oft linke Exegeten. Eine andere Auslegung sieht im Apostrophieren des Weingenusses ein Element des Widerspruchs, der Opposition in metaphorisch verklausulierter Form. Eben dichterisch. Weit wichtiger – und so sieht das auch Gelpke – ist jedoch das Zusammenfallen von Erkenntnis und Ekstase. Der Konsum von Rauschmitteln, von Wein sowie die Erotik wird vom morgenländischen Weisen zu einer Kultur der existenziellen Erkenntnis entwickelt, die an Raffinesse ein plattes „carpe diem" weit überragt.

Natürlich weiß auch Gelpke, dass dies im Orient nicht die Regel ist, sondern eine Zuspitzung. Es gibt auch im Orient, wie der Mensch nun einmal ist, vielerlei Abgeschmacktes und Abstoßendes; doch als Möglichkeit eines alternativen Lebensentwurfes stand eine solche Auffassung Jahrhunderte lang im Raum und wurde sogar von den Religionsgelehrten geduldet. Der heute herrschende rigide Furor in Iran wie anderswo ist ein recht neuartiges Phänomen der absoluten Intoleranz, das man sich noch vor einigen Generationen nicht hätte vorstellen können. Es war nicht zuletzt das in vielerlei Hinsicht gewaltsame und gewalttätige Aufeinandertreffen von Orient und Okzident, das den Prozess einer wachsenden Intoleranz förderte, denn die ohne Zweifel zu beobachtenden Erscheinungen orientalischer Dekadenz führten einerseits dazu, den Westen mit seiner so ganz anders gearteten Denk- und Lebensweise nachahmen zu wollen, um den „Anschluss" an die Moderne nicht zu verlieren; dies hinwiederum wurde von Traditionalisten als „Verrat" und Selbstaufgabe empfunden, denen man durch Rigidität und „Fundamentalismus" begegnen musste.

Gelpke zitiert den großen aserbaidschanisch-persischen Dichter Fozûlî, um die so unterschiedlichen Lebensauffassungen, die sich sogar beim Thema Rausch zeigen, zu illustrieren. Fozûlî, dessen Größe als Dichter im Orient bis heute unbestritten ist, schuf ein kleines Epos unter dem Titel „Bandsch o bâde" (Hanf und Wein, Haschisch und Wein). Es könnte auch heißen: Hanf oder Wein, denn beide Rauschmittel streiten in der Dichtung darüber, wer „mehr bringt". Der Inhalt dieses Stückes persischer Literatur bietet Anlass, über die Unterschiede bezüglich der Auffassung zu Rausch und Ekstase zwischen Orient und Okzident nachzudenken. Im Kampf zwischen dem Haschisch und dem Wein schneidet Letzterer nicht gut ab.

Unsere westliche Kultur sieht im Großen und Ganzen im Rausch im Grunde etwas Störendes. Nicht umsonst verehren wir in Goethes Faust jene Dichtung, die den Geist der vom Westen geschaffenen Moderne – den des „faustischen Täters" – am besten auf den Punkt bringt, denn in keiner anderen Gestalt unserer europäischen Literatur wird der Zwiespalt zwischen Erkenntnis und Ekstase, an dem sie leidet, so paradigmatisch dargestellt wie in diesem großartigen Werk. Faust fordert vom Himmel die höchsten Sterne und von der Erde jede höchste Lust. Er will erkennen, „was die Welt im Innersten zusammenhält", gleichzeitig jedoch auch das Streben nach Rausch, Ekstase und Lust befriedigen, sodass er vom Augenblicke sagen könnte: „Verweile doch, du bist so schön". Diese Aufhebung der Zeit im ewigen Augenblick – in mystischer Zeitlosigkeit – ist im Orient das höchste Ziel, das der Weise erreichen kann. Es ist interessant, dass auch Faust/Goethe es anstrebt.

Doch Faust scheitert, es ist ihm als westlichem Menschen nicht möglich, beide Ziele zur Deckung zu bringen, denn in seiner (unserer) Kultur sind sie von Anfang an als feindliche Brüder voneinander getrennt. Gelpke ist nicht der erste, der daran dem heiligen Paulus die Schuld gibt. Es mag billig sein, seine extreme Leib- und Lustfeindlichkeit zu verurteilen, aber falsch ist es nicht. Schon immer gab es Leute, die einem krassen Leib-Seele-Dualismus huldigten, doch Paulus trieb das auf die Spitze. Dass alles Sünde sei, was außerhalb der Ehe und jenseits der „Missionarsstellung" an sexueller Lust erfahren werde, ist in dogmatischer Form einer generellen Sündhaftigkeit eine Erfindung des Paulus.

Zwar kennt auch der Islam in diesem Kontext den Begriff der Sünde, doch war die Stellung gegenüber dieser Form des Rausches wie der Ekstase insgesamt doch eine viel positivere. Islamische Religionsgelehrte des Hochislam diskutierten in ihren Schriften auf ganz natürliche Weise und ungeniert über sexuelle Themen, ohne jenes im Christentum lange übliche Beschweigen oder eine oft heuchlerische Scham. Der größte Theologe des klassischen Islam, der Perser al-Ghazzâli, sinniert in seiner monumentalen „Wiederbelebung der religiösen Wissenschaften" (Ihyâ' olûm al-Dîn) frank und frei über den coitus interruptus, und er kommt zu dem Urteil, dieser sei dem Muslim erlaubt – als natürliche Form der Empfängnisverhütung. Der Mann lebte vor neunhundert Jahren. Dem islamischen Propheten Mohammed wäre die Vorstellung, Sexualität sei etwas zutiefst Verdächtiges, ja Sündiges völlig absurd vorgekommen. Bis heute erregt seine Sentenz, im Leben hätten ihm zwei Dinge am meisten bedeutet – das Gebet und die Frauen – die Gemüter westlicher Geister, die darin, allein schon in dieser Zusammenstellung, das Verwerfliche und Unwürdige des islamischen Propheten an sich erkennen wollen. Dies hat auch damit zu tun, dass Paulus den Jesus von Nazareth, den göttlich inspirierten Menschensohn, zu einer anämischen, pneumatischen Karikatur, zu einer Art Gespenst, gemacht hat. Gerade heute, im Zeitalter einer internetgestützten und weltweiten, von westlichen Firmen gewinnträchtig verbreiteten Rundum-Pornographie, die mehr als sechzig Spielarten sexueller Darbietungen ausstrahlt, wächst andererseits die Erregung und Empörung darüber, dass die Paradiesesvision des Korans den Seligen schöne Jungfrauen verheißt. Doch abgesehen einmal davon, dass dieselben Verse – hier herrscht Gleichberechtigung – den seligen Damen auch Jünglinge versprechen (was nie thematisiert wird), sind diese Verse eben metaphorische Wendungen, die ein Paradies verheißen, in dem es ganzheitlich und sinnlich zugeht, in dem nicht nur von reinen Geistern Halleluja gejubelt wird. Rausch und Ekstase haben auch hier ihren Platz. Freilich können Ideologen mit ihrer Wortgläubigkeit all diese Dinge in ihr Gegenteil verkehren und damit Menschen manipulieren. Politische Fanatiker und Terroristen haben dies zu allen Zeiten getan – übrigens auch mit weltlichen, nicht-religiösen Theorien und Überzeugungen.

Doch warum ist heute im Islam fast alles Sexuelle Sünde und strafbar, wie man doch vielerorts hört und liest? Warum wird ausgepeitscht und sogar gesteinigt? Die Gründe sind so vielfältig und komplex, dass wir sie hier kaum abzuhandeln wagen; doch ein besonders wichtiger ist, dass die Rigiden unter den heutigen Muslimen ihre eigene Religion nicht kennen oder nicht kennen wollen. „Unzucht" etwa (zina) kann im Islam eigentlich nur bestraft werden, wenn vier erwachsene, gesunde und unbescholtene Zeugen den Sexualakt selbst beobachtet haben – vor allem die Penetration. Wo kommt das vor? Wer kann das (ohne selbst dabei gewesen zu sein)? Ergänzend kommt hinzu, dass Verleumdung und üble Nachrede im islamischen Recht als besonders strafwürdig gelten.

Natürlich kann auch im Islam sexuelles Fehlverhalten moralisch missbilligt und getadelt werden. Doch Gewalt gegenüber den „Delinquenten", gar ihre Ermordung ist im Grunde unmöglich, in der Regel allein der „Perversität" machtgieriger Frömmler geschuldet.

Die positive, bejahende Haltung Mohammeds wie des ursprünglichen Islams zur Sexualität straft auch jene Kritiker Lügen, die in der Religion und ihren Sinnstiftungen die Phantasmen von Sexualneurotikern sehen wollen, die sich aufgrund sexueller Frustrationen ein „Himmelreich" zusammenfantasieren. Zwar gibt es religiöse Sexualneurotiker, doch gibt es solche auch bei Agnostikern und Atheisten, ja sogar bei Postbeamten oder eifrigen Briefmarkensammlern. Was sagt das aus? Die meisten islamischen Sufis waren verheiratet und hatten Familien; wenn sexuelle Askese geübt wurde, dann nur als Mittel zum Zweck, wie eben auch Meditation und andere Wege eingeschlagen werden können, um das Absolute zu erfahren.

Auch das Argument, das Phänomen des Religiösen gründe in Armut, verfängt nicht in jener Weise, die damit angestrebt wird. Der Prophet Mohammed beispielsweise war ein vermögender Kaufmann, der den Rest seines Lebens in Wohlstand und Ruhe hätte dahinbringen können. Doch belästigten ihn eben Fragen, die – wie es bei Kant heißt – der Mensch stellen muss, ohne sie beantworten zu können. Es sind die Fragen nach dem Sinn des Ganzen. Die sexuelle Ekstase scheint dabei einen Weg zur Transzendenz-Erfahrung zu bahnen.

So verwundert es nicht, wenn auch in Iran lange Zeit die Religionsgelehrten eine „liberale" Haltung an den Tag legten, die sich positiv und radikal von derjenigen der heutigen Sachwalter des ewigen Heils unterschied.

Gelpke geht in seinem Buch natürlich auch auf den Komplex von Rausch und sexueller Ekstase in der Literatur der Perser ein. Er zitiert ein Dichtwerk, dessen Inhalt wir dem Orientalisten Fritz Meier verdanken. Sein Verfasser ist die – von Meier wie Gelpke wohlerzogen als „Hetäre" bezeichnete – „schöne Mahsatî", die in ihren Vierzeilern kein Blatt vor den Mund nimmt. Sie gelten als Klassiker, und Gelpke gesteht ihnen eine höhere poetische Qualität zu als den berühmten Vierzeilern des Omar Chayyâm. Über den Hanf und seine Wirkung heißt es aus der Feder von Mahsatî zum Beispiel:

Vom Haschisch wird der Peniskopf gleich dem Amboss;
Wie er auch sei – er wird zweimal so groß.
Jeder Feueranbeter und Jude und Armenier wird sogleich
Aus Wohlbehagen ein Muslim, wenn er Haschisch genoss.

Mahsatî und ihr Geliebter Amîr Ahmad necken sich mit Hilfe ihrer Vierzeiler, wobei wieder die Konkurrenz zwischen dem Wein und dem Haschisch bemüht wird. Und noch etwas anderes wird in den Vierzeilern ausführlich erläutert: dass es die richtige Dosis sein muss, um die Ekstase und den Rausch auskosten zu können.

Bemerkenswert ist jedenfalls, dass in der klassischen Kultur Persiens solche Lebensentwürfe möglich waren und nicht pauschal verteufelt wurden. Die Auffassung des Rausches war eine insgesamt günstige, solange man nicht übertrieb (was es nach Gelpke auch gab). Die Einnahme von Haschisch unterstützte offenkundig das Lustempfinden in einer Mischung aus Ektase und „Beschaulichkeit", einer mystischen Erfahrung ähnlich, in der auch die Dehnung der Zeit, respektive ihr Zusammenfallen im „ewigen Augenblick" empfunden wurde, als existenzielle Erfahrung, ja als eine Art Vorschein der Transzendenz. Die eher dämpfende Wirkung des Haschisch scheint unter den Muslimen ihrer Intention besser entsprochen zu haben als andere Rauschmittel, obwohl Gelpke auch ausführlich auf den Konsum von Opium eingeht.

Die retardierende Wirkung des Hanf war es übrigens, die einen alternativen Geist wie Baudelaire, der damit experimentierte, letztlich von seinem Konsum abraten ließ. Der Hanf mache schlaff und schlapp, vermindere die Energie und breche den Willen. Baudelaire war eben trotz seines alternativen Denkens ein europäischer Mensch, dem schöpferische Aktivität nach westlichem Verständnis mehr bedeutete als die sakralen Erfahrungen der Orientalen. Die Europäer, die sich willentlich als Künstler berauschten, zogen den Alkohol vor. Ein Mittel der Berauschung, das man ebenso gebrauchen wie missbrauchen kann. Murad Wilfried Hofmann, ehemaliger deutscher Botschafter in Algerien und Marokko, hat mir gegenüber einmal die islamische Kultur als eine Kiff-Kultur bezeichnet, während die christlich-westliche eine Schweinefleisch-Alkohol-Kultur sei. Er wollte damit ganz Grundsätzliches ausdrücken.

Gelpke schreibt darüber: „Der einzige Rausch, den der Westen wirklich kennt – weil er nur ihn anerkennt – ist der Alkoholrausch." Seit der Antike und vor allem auch qua Abendmahl als unsere Sakral-Droge akzeptiert, hat er westliche Dichter und Musiker inspiriert. Freilich muss man sofort hinzusetzen, dass eben diese fruchtbaren Geister oft am Rande der Gesellschaft standen: Baudelaire, Rimbaud, Verlaine, E.T.A. Hoffmann und viele andere. Noch heute haben die Amerikaner eine Neigung, einen ihrer größten Dichter und Schriftsteller, Edgar Allan Poe, zu unterschätzen, weil er „Alkoholiker" war, ein Trunkenbold.

Zurecht schreibt Gelpke dann auch, dass der „Westler" den Alkohol hauptsächlich als Sorgenbrecher konsumiere, nicht um durch den Rausch den Zugang zur Transzendenz zu gewinnen. Die Wirkung der entsprechenden Alkoholika gleiche mehr einem „Blitzableiter" und werde auch in dieser Weise angestrebt. Im Orient hingegen wollten die Weintrinker, obwohl sie von den Religionsgelehrten oft abgelehnt wurden, Rausch, Ekstase und existenzielle Erfahrung miteinander in Einklang bringen. Dass man den Wein metaphorisch deutete, zeigte ein gewisses Maß an Toleranz. Und natürlich war und ist Hâfez bis heute populär und in der persischen Volkskultur verwurzelt.

In unserer westlichen Kultur, so Gelpke, könne man den metaphysisch erfüllten Rausch der Erkenntnis nicht länger gebrauchen. Hier bedürfe es der Nüchternheit, der Disziplin und des Tatendranges.

*

Am Ende dieser Tour d'horizon möchte ich nochmals hervorheben, dass mich der Kulturvergleich im Sinne einer kulturmorphologischen Darstellung im Werk von Rudolf Gelpke besonders angezogen hat. Ich selbst habe niemals Rauschmittel konsumiert, ich tue es heute nicht, und ich werde es auch in Zukunft nicht tun. Nach wie vor halte ich auch die Apologie des Drogenkonsums durch Gelpke für fragwürdig; und ich bin mir nicht sicher, ob er, der früh Verstorbene, der kein Experiment mit LSD, Psylocibin oder Mescalin ausließ, angesichts der Entwicklung der Drogenszene in den Jahrzehnten „nach 68" uneingeschränkt bei seiner Meinung geblieben wäre.

Das Wichtige und hoch Bedeutsame an seinem Buch ist jedoch die hauptsächlich aus iranischen Quellen abgeleitete alternative Denk- und Lebensweise, die zwischen Rationalismus und Ekstase keinen unauflösbaren Widerspruch sieht, sondern etwas Komplementäres. Auch die islamische Kultur – und die persische allzumal – kannte auf ihrem Höhepunkt den Rationalismus. Davon zeugen die zahlreichen Denker in Theologie und Philosophie, aber auch die Wissenschaftler, denen die Welt bis heute so viel verdankt: Mathematiker, Astronomen, Philosophen, Physiker, Kartographen, Mediziner: Doch neben der Sinnes-Empirie und Ratio schätzte und schätzt man bis heute auch andere Weisen des Erkennens, die mit Ekstase und Rausch, mit Intuition und Imagination verbunden sind, ein existenzielles Wissen, das nicht direkt lehrbar und mitteilbar ist, sondern in seelischen, inneren Erfahrungen – recht verstandener Esoterik – besteht. Wir schließen damit direkt an jene Erörterungen an, die wir im vorigen Aufsatz über die Theosophen von Isfahan, insbesondere über Mollâ Sadrâ niedergeschrieben haben.

Auch der Westen, das vormalige „Abendland", kannte in früheren Zeiten diese anderen Möglichkeiten der Erkenntnisse und Lebensentwürfe, bevor er das existenzielle, innere Erfahrungswissen einseitig durch das sensualistische, materialistische und rein zweckrationale Wissen, das alleine zählt, ersetzte.

Trotz der im Grunde nur machtpolitisch begründeten, endlosen Auseinandersetzungen waren sich damals Christentum und Islam weitaus näher als heute.

Es gibt auch bei uns noch Minderheiten, die das Streben nach einem Wissen, das das reine Faktenwissen und seine logische Verknüpfung ergänzt und übersteigt, pflegen; etwa im Sinne des ganzheitlich denkenden Goethe, der Ratio und Ekstase, zumal als Dichter, in seiner Weltdeutung zusammenbrachte und nicht zuletzt ein Werk wie den „Westöstlichen Diwan“ schuf. Auch Jakob Böhme und etliche moderne unkonventionelle Denker mögen dazugehören. Doch diese Gruppen von esoterisch veranlagten Geistern bilden Minderheiten, die unter dem Druck des positivistischen Mainstreams immer kleiner werden. Sie gelten mehr und mehr als wunderlich – um noch das am wenigsten despektierliche Wort zu gebrauchen. Es wird nicht mehr lange dauern, und auch der Transzendenz-Glaube der christlichen Kirchen wird, zumindest in Europa, nur noch einer Minderheit zu eigen sein. Über die Wahrheit sagt dies übrigens wenig aus, sie kann auch – wenigstens zu Teilen – bei jenen sein, die immer weniger werden. Bei jenen, die schon immer bestrebt waren, das Geheimnis auch zu hüten, weil seine Offenbarung, seine Entschleierung nicht jedermanns Sache ist. Oder, wie Goethe im „Diwan“ dichtete:

Sagt es niemand, nur den Weisen,
Weil die Menge gleich verhöhnet:
Das Lebend'ge will ich preisen,
Das nach Flammentod sich sehnet…

In diesem „Flammentod“ – einem berühmten Bild der persischen wie islamischen Mystiker – fallen Erkenntnis und Ekstase zusammen.

Angesichts der globalen ökologischen Krise könnte man auf den Gedanken kommen, dass von Anfang an etwas nicht in Ordnung war mit dem vornehmlich modern-westlichen quantitativen Erkenntnis-Ideal und seiner auf Effektivität und utilitaristischen Nutzen ausgerichteten Verwirklichung. An eine umfassende Wende dieserhalben ist freilich schwer zu glauben. So bleibt die Hoffnung, dass wenigstens der Geist des Orients, jenseits furchtbarer fundamentalistischer wie terroristischer Verirrungen, ein Stück weit erhalten bleibt. Doch sicher ist das leider nicht.

Tiefgründig ist auch, was Rudolf Gelpke über die so andersartige Auffassung der Zeit im Orient schreibt. Wir brauchen hier nicht zu betonen, dass all diese Charakterisierungen etwas Allgemeines ausdrücken sollen, das natürlich im Einzelfall auch abweichen mag. Auch im Orient gibt es längst gehetzte und abgehetzte Menschen, die dem „westlichen Ideal" des „Time is money" nachjagen, doch ist dies nicht die vorherrschende Mentalität. Diese sieht vielmehr, wie Gelpke treffend formuliert, in der Zeit noch immer den billigsten Rohstoff, mit dem man nicht eindimensional umgeht, auf gut Deutsch ihn ausnutzt und auspresst wie eine Zitrone. Hellmut von Glasenapp hat die Hochreligionen eingeteilt in solche der „Offenbarung in der Zeit" und solche des „ewigen Weltgesetzes". Auch dies ist nur eine Annäherung, denn auch die ersteren, die den Ablauf der Welt von einem Punkt Alpha aus bis zu einem Punkt Omega sehen, kennen auch zyklische Abläufe, insbesondere auch der Islam; doch es ist schon richtig, dass das Christentum die „Bewährung des Menschen in der Zeit" als seinen Kern empfindet. Im säkularisierten, weitgehend auch christlicher Gläubigkeit entbehrenden Westen ist daraus ein Prinzip geworden, das nur äußerlich dem „Nutze den Tag" des Orients gleicht, denn der Verlust der Transzendenz führt zu dem Bestreben, in der Spanne Zeit, die einem bleibt, möglichst viel zu erleben und zu erhaschen. Es ist ein Hedonismus der Betäubung, ja der Fast-Bewusstlosigkeit – denn morgen kann ja schon alles aus sein.

Wie anders, nach Gelpke, die im Orient noch immer verbreitete Lebensauffassung, nach welcher man bestrebt sein sollte, die Ewigkeit im Augenblick zu erleben und aufzuheben, sie gewissermaßen zu einem „ewigen Augenblick" werden zu lassen! Deshalb ist der im Orient nicht weniger als im Westen gepflegte Hedonismus in vielen Fällen doch noch etwas anderes – ein Genuss und eine Lust im Wissen um seine Vergänglichkeit, doch vor dem Hintergrund der Ewigkeit. Dem Augenblick in diesem Verständnis Dauer zu verleihen, ist etwas ganz anderes, als von Augenblick zu Augenblick zu hasten.

So wenig die Welt in allem am europäischen Wesen genesen muss und soll, so wenig auch am persischen Wesen. Doch stünde es den „Westlern" und Kulturgeschichte, zumal in einem Zeitalter, in dem auch die Europäer längst begonnen haben, ihre jüngere Geschichte viel kritischer zu betrachten als früher, nicht schlecht an, ein wenig von den orientalischen Kulturen zu lernen. Nicht im Sinne flüchtiger, vorübergehender Moden; derer gibt es schon genug. Ich meine dies im Sinne eines grundsätzlichen Innehaltens und Überdenkens der herkömmlichen Denk- und Lebensweisen. Es könnte sich dann herausstellen, dass sich Okzident und Orient bereits einmal sehr viel näher waren, als das heute der Fall ist, wo sie sich ferngerückt sind. Weltbild und Lebensauffassung beider Kulturen waren sich vor etwa tausend Jahren – beispielsweise im Zeitalter der Kreuzzüge, das auch das Zeitalter der Troubadoure und Minnesänger war – in vielem verwandt, trotz der Religionsfeindschaft, die damals – mit Ausnahmen – die allgemeine Gestimmtheit prägte.

Der Kult der Minnesänger um die „hohe frouwe“, die andalusische Muwaschschaha-Poesie, in der sich sogar Frauen betätigten, das persische Denken unter islamischem wie antik-westlichem Vorzeichen (Avicenna), die christliche Scholastik mit ihrer Mischung aus rationalem Denken und mystischer Hingabe illustrieren den berühmten Goethe-Vers, dass Orient und Okzident nicht mehr zu trennen seien, weitaus anschaulicher als die heutige „Weltoffenheit“ vieler, die häufig nur an der exotischen, malerischen Außenseite klebt – etwa im Massentourismus.

Wir können an dieser Stelle im Zusammenhang mit Gelpkes Thema von Erkenntnis, Rausch und Ekstase durchaus auch Friedrich Nietzsche anführen, den Gelpke auch öfter zitiert. Dieser atheistische, doch zutiefst religiöse Denker bewegte sich lebenslang auf den Spuren des Gottes Dionysos, den er verehrte und dem er – wenn auch nicht in der Wirklichkeit – in seiner Art des Denkens nacheiferte. In seiner dem Freund Richard Wagner gewidmeten Schrift „Die Geburt der Tragödie aus dem Geist der Musik“ von 1871 emanzipierte Nietzsche, der Kenner der alten Griechen, zum Entsetzen seiner Fachgenossen das Dionysische als Ergänzung zum apollinischen Prinzip und machte beide sozusagen zum Hypokeimenon der griechischen Kultur überhaupt. Richard Wagner, der ein ekstatisches Leben im Gegensatz zu seinem damaligen Apologeten auch praktizierte, verstand ihn sehr gut; und es ist bezeichnend, dass nicht nur er, sondern viele andere europäische Künstler des 19. Jahrhunderts einen Hang zu orientalischen Stoffen wie überhaupt zum Orientalisieren hatten – vom Kult um das alte Ägypten angefangen bis hin zur osmanischen Türkei und auch Persien. Doch insgesamt war ihre Mentalität, ihre Art zu denken und zu leben, eher eine Randerscheinung, die sie dem Szientismus und Technizismus und deren Siegeszug entgegenzusetzen versuchten.

Freilich: Auch im Orient, ob in Arabien, der Türkei oder Persien, ist diese Form einer mystischen Abgehobenheit, von der Gelpke spricht und die er als Ideal verehrt, mehr und mehr bedroht vom Ansturm eines nihilistisch aufgefassten Stromes und Verströmens der Zeit. Alle Modernität hat ihren Preis.

Nur der Vollständigkeit halber sei daran erinnert, dass Rudolf Gelpke ein ausgewiesener Iranist gewesen ist, das heißt ein Wissenschaftler, der natürlich nicht gewillt war, auf die gängigen und bewährten wissenschaftlichen Methoden zu verzichten. Nicht nur seine Arbeit über die iranische Prosa im 20. Jahrhundert zeugt davon; doch vor allem dem übersetzenden, ja nachdichtenden Autor war bewusst, wie sehr es auch der Imagination und Intuition bedarf, um der wissenschaftlich korrekten Übertragung eines Textes poetische Tiefe und Sinn zu verleihen.

Gelpke starb so jung, dass es hm nicht vergönnt gewesen ist, den zweiten Teil seines Werks über die iranische Prosaliteratur des 20. Jahrhunderts zu vollenden und zu veröffentlichen. So blieb es bei „Grundlagen und Voraussetzungen". Doch bereits bei deren Niederschrift kam der Gelehrte nicht umhin, abermals den Gegensatz zwischen westlicher und östlicher Welt ins Spiel zu bringen. Nicht nur politisch, auch in der Literatur kam es zu einem Aufeinanderprallen der Gegensätze, das freilich nicht eindimensional zu bewerten ist, wie es heute die Regel zu sein scheint. Es war ein wechselseitiges Geben und Nehmen.

Die Hinwendung persischer Autoren zur westlichen Literatur am Ende des 19. Und zu Beginn des 20. Jahrhunderts geschah auf dem Hintergrund einer großen Tradition, die allerdings vor allem in der Lyrik, der Poesie, bestand. Im Unterschied zu Europa, wo sich die Prosa schon seit dem späten 17., respektive 18. Jahrhundert in Form vor allem des Romans emanzipiert hatte, galt in Persien – wie auch in den arabischen Gebieten und in der osmanischen Türkei – allein die Poesie als Kunst. Sie transportierte freilich keine realistischen Inhalte, sondern verwendete noch lange bis in das 20. Jahrhundert hinein die alten Sujets, die wir schon kennengelernt haben: Liebe, Mystik, Schicksal, Traum und Ekstase. Gelpke zitiert in seinem Werk den ersten bedeutenden Prosaisten der modernen persischen Literatur Mohammad Alî Dschamâlzâde, mit den Worten, wer über die realen Verhältnisse in Iran im 19. Jahrhundert informiert werden wollte, müsse einen Engländer lesen, keinen Perser, nämlich das Prosastück „Die Abenteuer des Hadschi Baba von Isfahan“ aus der Feder von James Morier. Dieser 1814 zunächst anonym erschienene Schelmenroman schildert die Karriere eines Barbiersohnes aus Isfahan an die Spitze der Gesellschaft. Morier, 1780 in Smyrna (heute Izmir) als Sohn des dortigen englischen Konsuls geboren, war selbst als Diplomat in Persien tätig, bereiste das Land, lernte die Sprache und erfasste die Mentalität der Iraner so vollkommen, dass man sein Buch, als es 1905 von Mohammad Rûhî Kermânî ins Persische übersetzt erschienen war, für das Werk eines persischen Autors hielt, so treffend waren die Zustände dort wiedergegeben. Ein persischer Autor hätte dies damals noch nicht leisten können. Was bis dahin unter dem westlichen Einfluss an persischer Prosa entstanden war, blieb ungenügend. Erst mit den Werken von Dschamâlzâde, so Gelpke, habe die persische Prosa qualität- und gehaltvolle Werke geschaffen, die mit ihren westlichen Vorbildern vergleichbar waren. Heute sind persische Autoren wie Sâdegh Tschubak, Hoschang Golschirî, Mahmûd Doulatâbâdî oder Sâdegh Hedâyat weltbekannt.

Umgekehrt hatte die großartige klassische Lyrik der Perser die europäischen Dichter beeinflusst, vor allem in der Romantik; ohne die großen Perser wären ein Goethe mit seinem „West-östlichen Diwan“ ebenso wenig denkbar wie viele Werke Wielands, Rückerts, Platens und vieler anderer. Auch Lord Byrons. Ganz zu schweigen von Edward Fitzgeralds englischer Anverwandlung der berühmten Vierzeiler des Omar Chayyâm, die erstmals 1859 erschien und in Großbritannien eine wahre Manie entfachten. Interessant ist in diesem Zusammenhang zu wissen, dass die Perser erst durch Fitzgeralds kongeniale Adaption Omar den „Zeltmacher“ in seinem Rang als Dichter erkannten. Eigentlich hatten sie ihn mehr als Mathematiker und Astronom geschätzt. Und bis dahin bevorzugten sie Hafez, Saadi und viele andere auf dem Feld der Poesie.

Heute sind die metaphysisch-zweiflerischen Vierzeiler Omars das Lieblingskind vieler Skeptiker, die es im Lande Iran inzwischen auch gibt. Darüber im Folgenden mehr.

In der lyrischen Dichtung nahmen die Perser im 20. Jahrhundert allmählich Abschied von der Tradition der alten Reimgedichte nach dem Vorbild der alten Ghaselen und Kassiden sowie anderer Formen der perso-arabischen Klassik, welche die Jahrhunderte lang als Muster empfundene höfische Poesie geprägt hatten. An deren Stelle traten freie Rhythmen, Lang- und Kurzzeilen, wie sie in der modernen westlichen Lyrik schon lange gang und gäbe sind. Hier war der Westen der Gebende, der Orient der Nehmende. Viele iranische Literaturkenner vertreten in dieser Frage allerdings die Ansicht, dass die neue, moderne Poesie in ihrer Sprache nicht im entferntesten die Qualität der traditionellen Dichtung erreicht, worauf auch Gelpke anhand von Zitaten hinweist. Eine gedrechselte, rationalistische und „verkopfte" Dichtung hat die aus Inspiration und Ekstase geborene alte Poesie abgelöst, ihr Niveau aber noch nicht erlangt.

Obwohl der Iranist Gelpke in dem von uns so wertgeschätzten Buch den Gegensatz zwischen westlicher Tat-Geistigkeit und orientalisch-mystischer Beschaulichkeit und Spiritualität hervorhebt, macht er doch andererseits kein Hehl daraus, dass er das Wechselspiel zwischen West und Ost durchaus begrüßt. Er unterscheidet die Kulturen, um zu verstehen, bestimmt nicht, um zu diskriminieren.

*

Endzeit auf Persisch

Die Revolution Chomeinîs – Apokalyptik und Politik in Iran

Es wird sein Heulen und Zähneklappern ...

Das Eschaton, religiös gemeint und interpretiert, die Lehre von der Endzeit, hat heute in Europa keine Konjunktur. Die zumindest in Mittel-, Nord- und Westeuropa unaufhörlich voranschreitende Verweltlichung hat zu einer weitgehenden Entkirchlichung, ja auch Entchristlichung geführt – wenigstens was den gelebten Glauben und das Für-Wahr-Halten der Glaubenswahrheiten betrifft. Parallel dazu nimmt auch das religiöse Wissen rapide ab, die Kenntnis der Bibel, der Evangelien, der Kirchen- wie der Religionsgeschichte. Die Apokalypse des Johannes, ein Thema, das über Jahrhunderte hinweg europäische Künstler beschäftigt und bewegt hat, auch die religiös-eschatologische Vorstellung eines Jüngsten Gerichts verursacht selbst bei denen, die noch kulturelle Restbestände des alten Glaubens in sich spüren, eher Heiterkeit, wenn nicht gar Spott. Dass man sich am Ende der Zeiten einmal wird verantworten müssen, erscheint so unglaubwürdig wie das Bemühen um ein Seelenheil. Haben wir denn nicht Richter und Psychiater? Das reicht. Immerhin sind unsere irdischen Richter eine ähnliche Instanz wie der überirdische Richter, an dessen Walten man aber nicht mehr glaubt: Sie beurteilen, wägen ab, bestrafen oder sprechen frei. Zwar lassen sich noch viele vom „Dies irae, dies illa“ in Mozarts oder Berlioz’ Requiem erschüttern, oder sie erschauern vor Bruckners musikalischen Beschwörungen des Jüngsten Tags – doch was das meinen und bedeuten könnte, ist längst jenseits des Horizontes. Und für die Seele, die es im Grunde auch nicht mehr gibt, denn sie ist ja doch nur ein „Etwas am Leibe“ (Nietzsche) sind die Pillen da oder bestenfalls die Psychiater.

In merkwürdigem Gegensatz dazu ist die säkulare Welt gleichwohl erfüllt von „Furcht und Zittern“ (Kierkegaard). Furcht vor dem Atomtod, Furcht vor staatlicher Überwachung und Informations-Despotie, Furcht vor der Überbevölkerung der Erde, Furcht vor der Erderwärmung und dem Klimawandel, Furcht vor dem Ansteigen der Meere und der damit verbundenen Flut. Furcht vor den Robotern. Ängste allenthalben. Eine ganze Gattung der Literatur, die Werke der Science Fiction, beschwören – neben Zukunftshoffnungen – auch Zukunftsängste. Collins und Lapièrre schrieben vor Jahren einen politischen Thriller mit dem Titel „Der Fünfte Reiter", in dem Terroristen eine Atombombe auf Amerika abwerfen wollen. Das war mehr als nur eine Anspielung auf die biblischen Vier Apokalyptischen Reiter. Manche Menschen fürchten auch, ein großer Meteor könne, wie vor etwa sechsundsechzig Millionen Jahren, auf der Erde einschlagen, und es gibt schon lange Pläne und technische Überlegungen, wie man das erkennen und verhindern könne.

Hinzu kommen Verschwörungstheorien in großer Zahl: Wer plant nicht alles die Vernichtung der Welt? Jeder Gymnasiast weiß heute zudem, was der Urknall, der Big Bang, war und beeilt sich dann auch, das Stichwort vom Big Crunch in die Debatte zu werfen. Konjunktur haben auch Katastrophen-Filme aus Hollywood mit den unterschiedlichsten, jedenfalls katastrophischen Plots.

Wie das Christentum, so kennt auch der Islam eine entwickelte Endzeitlehre, mit dem Unterschied, dass sie unter den Gläubigen noch bekannter und im Bewusstsein gegenwärtiger ist als in unseren Breiten. Die Endzeit kündigt sich an durch die Machtergreifung des Anti-Christ (Daddschal), die freilich ein Ende findet, wenn Jesus (Isâ Bin Maryam, Jesus Sohn der Maria) auf dem Minarett der Omajjaden-Moschee von Damaskus erscheint. Jesus errichtet ein Friedensreich, das vierzig Jahre währt. Die zweite endzeitliche Erlösergestalt, die erscheint, bevor die Posaune Israfils erschallt, ist der Mahdî al-muntazar, der „erwartete Rechtgeleitete".

Europa wurde mit dieser islamischen Lehre in einem politischen Gewand erstmals konfrontiert, als der berühmte Mahdî des Sudan, Muhammad Ahmad, im Jahre 1885 die sudanische Hauptstadt Khartum eroberte mit dem Ziel, die Türken und mit ihnen die Engländer zu vertreiben. Er wollte sogar Mekka und Istanbul erobern. Der Staat der Mahdisten bestand unter seinem Nachfolger, dem Kalifen Abdullahi, bis zum Jahre 1899, als ihn die Briten unter Lord Kitchener liquidierten.

In Persien, unter den Schiiten des Landes, wie auch überall dort, wo Schiiten leben, erfährt die islamische Mahdî-Endzeitgestalt durch die spezifische

Lehre von den schiitischen Imamen eine zusätzliche Zuspitzung und religiöse Intensivierung. Dazu gehören der Glaube an die göttliche Inspiriertheit der Imame als leibliche Nachkommen Alî Ibn Abî Tâlibs, des Propheten-Vetters, ihr jeweiliges Märtyrertum (in den Augen der Schiiten wurden alle ihre Imame, bis auf den zwölften, Opfer von Gewalttaten) sowie die Vorstellung vom zwölften, dem verschwundenen Imam, dem Imâm al Mahdî, und seiner erwarteten, ja sehnlichst erhofften Wiederkehr am Ende der Zeiten. Seit seinem Verschwinden in die Große Verborgenheit im 9. Jahrhundert erwartet man nun seine Wiederkunft. Der zwölfte Imam ist nicht tot, sondern kümmert sich aus der Verborgenheit heraus um seine Gemeinde. Die schiitischen Kleriker, die Mullahs, Hodschatoleslâms, Ajatollâhs und Ajatollâhs ol-ozma (Groß-Ajatollâhs) sind seine Repräsentanten auf Erden. Auf sie fällt ein – wenn auch schwacher – Abglanz der Imame, sodass man sie mit größerer Berechtigung als die Gelehrten der Sunniten als Kleriker bezeichnen kann.

Zwei Vorstellungen sind für das Schiitentum konstitutiv: Erstens, dass man um der gemordeten Imame willen kollektiv trauern und leiden müsse, und, zweitens, dass man auf die Wiederkehr des Mahdî zu warten habe. Die ganze Vorstellung ist von Beginn ihrer Entwicklung an auch hochpolitisch gewesen, denn es ging um nichts Geringeres als die Nachfolge Mohammeds selbst, der Prophet und Staatsmann in einem gewesen war. Nach dem Tod Mohammeds 632 n. Chr. wählte man seinen Schwiegervater Abû Bakr zum Kalifen, danach Omar ibn al-Khattâb, und nach ihm Othmân ibn Affân. Erst als vierter Kalif folgte der von den Schiiten favorisierte Propheten-Vetter Alî, der schon im Jahre 661 von einem politischen Gegner in der Moschee von Kûfa im Irak ermordet wurde. Seine drei Vorgänger werden von den Schiiten bis heute als illegitime Usurpatoren abgelehnt, denn Mohammed selbst, so ihre Lehre, hatte seinen Vetter und Schwiegersohn Alî zum Nachfolger bestimmt.

Nach der Ermordung des Kalifen Alî, der in der Wahrnehmung der Schiiten, seiner Partei, Träger des mystischen prophetischen Lichtes (nûr-e Mohammadî) gewesen war, entbrannte der Kampf erst so richtig in der großen Fitna. Während die Sunniten sich um das Haus der Banû Umajja (Omajjaden) scharten, setzten sich die Schiiten für seine Söhne Hasan („der Schöne") und Hussein (persisch Hossein, „der kleine Schöne") als legitime Leiter des Islam ein. Sie waren ja die leiblichen Enkel des Propheten selbst. Man kann den

Unterschied zwischen beiden Parteien ungefähr so formulieren: Während die Sunniten bis heute die Geschichte des Islams so akzeptieren, wie sie abgelaufen ist – das heißt durch Wahl oder die schlichte Machtergreifung, die dann in irgendeiner Form von den Religionsgelehrten und den Beherrschten akzeptiert wurde, beharren die Schiiten auf so etwas wie einer durch die leibliche Abkunft von Mohammed verbürgten spirituellen Filiation. Alle anderen sind oder waren Usurpatoren der Macht. Man kann das als eine sakrale Dynastik bezeichnen.

Zentrales Ereignis des Schiitentums und der Schiiten, ohne dass weder sie noch das islamische Persien bis heute zu verstehen sind, war die Schlacht von Kerbelâ im Jahre 680. In diesem Gefecht unterlag Hossein mit seinen nur siebzig Getreuen in einem aussichtslosen Kampf gegen die Truppen des Damaszener omajjadischen Kalifen Yazîd Ibn Mu'âwija und starb den Märtyrertod, an der Seite seiner Mitstreiter. Seither gibt es in Persien keine verhasstere Dynastie als diejenige der Omajjaden von Damaskus, und Yazîd sowie sein Vater und Vorgänger, der Omajjade Mu'âwija, gelten als wahre Teufel. Bis heute gedenken die Schiiten in aller Welt, ganz besonders jedoch in Persien, an den Tagen Tasû'a und Aschûra, das heißt am 9. und 10. des Monats Moharram, des Märtyrertodes von Hossein bei Kerbelâ. In kollektiver Trauerarbeit, zu der hier und da auch die berüchtigten, teilweise blutigen Geißelungszeremonien gehören, gilt es, das Leiden und Sterben Hosseins – aber auch der späteren schiitischen Imame, die politisch allesamt scheiterten – nachzuempfinden und sich mit ihrer Qual zu identifizieren. Jeder tiefgläubige Schiit empfindet es bis heute als Verrat und schwere Sünde, dass die „Schiat Alî", die Partei Alîs, damals Hossein und seine Kämpfer allein gelassen hatte und ihnen den Beistand verweigerte. Wir werden noch sehen, welch wichtige Rolle die schiitischen Trauerzeremonien im Prozess der islamischen Revolution in Iran gespielt haben. Auch ohne ihre Sprengkraft zu berücksichtigen, bleiben die Ereignisse für „Westler" nur schwer verständlich.

Wie Kûfa, die Stätte der Ermordung Alîs, liegt auch Kerbelâ im Irak, der bis heute sogar das eigentliche schiitische Kernland geblieben ist, mehr noch als Persien selbst. Alî ruht heute unter der Kuppel seiner monumentalen Grabmoschee in Nadschaf, während Hossein in seinem ebenfalls prächtigen Mausoleum in Kerbelâ begraben wurde. Zwei andere Imame der Zwölfer-Schiiten ruhen im ebenfalls irakischen Samarrâ, sodass man sagen kann, diese Plätze seien den Schiiten viel heiliger und wichtiger noch als selbst die großen Pilgerzentren in Persien, wie Ghom oder Maschhad. Wir werden bald auf ihre enorme politische Bedeutung und Sprengkraft zurückkommen. Ohne sie kann ein historisches Ereignis wie die islamische Revolution in Iran gar nicht verstanden werden.

Ich selbst habe Nadschaf und Kerbelâ besucht. In Nadschaf befindet sich der größte Friedhof der gesamten islamischen Welt – und er wächst beständig weiter. Es ist auf das höchste beeindruckend, dieses Ensemble von hunderttausenden von Gräbern zu sehen. Noch beeindruckender freilich war es, das Verhalten der Pilger direkt an den Schreinen Alîs wie Hosseins zu verfolgen. Anders als in Persien selbst, wo dies nicht erlaubt war, konnten wir – wie meine Notizen von damals erzählen – mit allerhöchster Erlaubnis des irakischen Diktators Saddam Hussein bis in das Innere unter der vergoldeten Kuppel gelangen. Es war die Zeit des ersten der Golfkriege, der acht Jahre währte und zwischen Iran und dem Irak ausgetragen wurde. Die üblichen Pilger, vor allem die Frauen, drängten sich um die Schreine, deren Gitterwerk sie berührten, um der Baraka des Alî oder Hosseins teilhaftig zu werden. In kürzeren oder längeren Abständen wurden Särge von Verstorbenen oder – zu jener Zeit – Gefallenen hereingetragen. Man sprach das Totengebet., der Raum war von mystischem Dunkel erfüllt. Die malerisch gewandeten Moschee-Wächter mit ihren Stöcken belästigten uns nicht.

An vielen Gebäuden beider Städte sah man Koransprüche oder Überlieferungen (ahâdith) des Propheten Mohammed, beispielsweise den bekannten Vers: Innâ asch-schuhadâ akramu minnâ dschamî'an – Wahrlich, die Blutzeugen sind edler als wir alle.

Ihre Märtyrer sind nach schiitischer Vorstellung alle Opfer einer bösen feindseligen Welt geworden, weil sie für Frieden und Gerechtigkeit kämpften. Die Wiederkunft des letzten Imam wird dann am Ende der Zeiten – logisch natürlich kurz davor, denn der erwartete Erlöser muss ja erst noch herrschen und regieren, bevor die Welt zusammenbricht – die Hoffnungen auf Gerechtigkeit und die Friedenserwartung erfüllen.

Nach den Ereignissen von Kûfa 661und Kerbelâ 680 hat sich der Schiismus unendlich ausdifferenziert. Er entwickelte sich mehr und mehr zur religiösen

Überzeugung von Minderheiten, die unterdrückt wurden oder sich zumindest unterdrückt wähnten. Nicht umsonst bilden die Sunniten mit etwa 85 Prozent die Mehrheit der Muslime, während die Schiiten, die Aliden oder Alî-Verehrer aller Couleur und aller Schattierungen, die Minderheit ausmachen. Der Schiismus inspirierte Aufstände in großer Zahl, schuf jedoch auch – als anderes Extrem – eine quietistische Tradition des Duldens. Unter den Schiiten selbst sind die Zwölfer (ethnâ'ascharîja), das heißt Verehrer von zwölf Imamen, ihrerseits die Mehrheit. Und mit der Dschaafarî-Schule haben sie eine eigene Ausformung der Scharia, des religiösen Rechts, geschaffen, die neben den vier sunnitischen Rechtsschulen besteht.

Die Sektengeschichte der Schia ist so komplex, dass ich sie hier aus meinen persischen Papieren nicht übermäßig detailliert darzustellen brauche, es gibt dafür jede Menge spezieller Werke. Außer den Ismailiten oder Siebener-Schiiten (sab'îja) mit ihren verschiedenen Abspaltungen (sie verehren nur sieben Imame, deren letzter Ismâ'îl ist) kennt man auch Fünfer-Schiiten, wie etwa die Zaiditen im Jemen. Der schon stark esoterische Charakter der Ismailiten ist noch intensiver bei den Alawiten in Syrien ausgeprägt und dort auch mit gnostischen Elementen versetzt. Ihnen ist der Gedanke der Seelenwanderung nicht fremd, wie auch den Drusen, einer Religionsgemeinschaft, die sich ebenfalls aus dem schiitischen Ismailitentum heraus entwickelt hat. Die Drusen, benannt nach ihrem wichtigsten Propagandisten al-Darazî, verehrten den im Jahre 1021 angeblich in die Verborgenheit entrückten fatimidischen Kalifen Al-Hâkim bi-amri 'llâh als ihren verschwundenen Imam und Mahdî, der dereinst wiederkehren werde. Die extremste Form dieser Siebener-Sekten waren die sogenannten Assassinen, wie sie in den mittelalterlichen westlichen Quellen genannt wurden, die ihre Wurzel im fatimidischen Ägypten, im Libanon und in Persien hatten. Auch die Fatimiden waren Schiiten, die sich auf Fâtima, eine der Töchter des Propheten Mohammed und Gemahlin Alîs, bezogen. Sie gewannen 969 von Nordafrika aus die Macht über Ägypten, gründeten Kairo und herrschten mehr als zweihundert Jahre am Nil als eine der glänzendsten Dynastien des Islam, deren Wirken man noch heute in Kairo bestaunen kann. Auch sie ergriffen die Macht und betrieben ihre Propaganda mit eschatologischen Mahdî-Motiven.

Die Beziehungen der Fatimiden zu Persien waren über die schiitische Lehre gegeben. Aus Thron-Streitereien innerhalb der Fatimiden entstand schließlich die Assassinen-Sekte, die von dem gebürtigen Perser Hasan-e Sabbâh ins Leben gerufen wurde und von der Theologie zur „Propaganda der Tat", wie man den politisch motivierten Terror später in Europa in ganz anderen politischen Zusammenhängen nannte, überging. In den Alborz-Bergen nördlich von Teheran wurde die unzugänglich gelegene Feste Alamût zum Zentrum der assassinischen Kämpfer, die vor allem Dolch-Attentate auf prominente sunnitische Wesire und andere Persönlichkeiten ausführten. Politik und Eschatologie waren bei ihnen auf das Engste miteinander verbunden, denn die Großmeister des Assassinen-Ordens, deren Einfluss weite Teile des Nahen Ostens erreichte, führten ihren Machtkampf – fast wäre man versucht, zu sagen natürlich – unter der Parole einer „endzeitlichen Gerechtigkeit" – im Endeffekt als Anspielung auf die Mahdî-Vorstellung und die Rückkehr des Paraklet, des verborgenen Imams. Bis zu ihrer Liquidierung, als die Mongolen unter Hülägü, dem Enkel Dschingis Khans, die Feste Alamût 1256 endgültig zerstörten und die Assassinen-Sekte, die sich zu einer eigenen Dynastie entwickelt hatte, auflösten, hatten diese radikalen Schiiten Angst und Schrecken im Orient verbreitet. Aber nicht allein die ihnen verhassten Sunniten, sondern auch die christlichen Kreuzfahrer waren Opfer ihrer Taten – sofern sie nicht zeitweise sogar Bündnisse mit ihnen schlossen. In Europa wurden die Assassinen und ihr schiitischer Kampforden hauptsächlich durch Marco Polo bekannt, der in seinem Buch über den „Alten vom Berge", den Scheich al dschabal, berichtete, als den man den Führer dieser endzeitlich ausgerichteten Sekte bezeichnete. Zentrum waren dort, im Heiligen Land, die Berge des Libanon.

Auch im Sunnitentum traten immer wieder Sektenführer auf mit dem Anspruch, der verheißene „Mahdi" zu sein und in diesem Namen die Macht zu ergreifen. Musterbeispiele dafür sind die maghrebinischen Herrscherhäuser der Almohaden und Almoraviden, die jeweils hundert Jahre lang in Marokko und Andalusien herrschten, begründet von Mahdî-Gestalten wie Yûsuf Ibn Taschfin und Ibn Tumart. Dem Schiitentum hingegen ist die eschatologische Mahdi-Erwartung von Beginn an inhärent, fester Bestandteil ihrer Konfession; und während manche der radikaleren Gruppierungen den endzeitlichen Kampf in politische Gewalt transformierten, übten die Moderateren, vor allem die Zwölfer-Schiiten, sich lange Zeit in beschaulicher Geduld. In Persien gingen auch die nun schon oft erwähnten Safawiden, als bedeutendste Dynastie der neueren Zeit, unter ihrem Führer Ismail, letztlich aus den eschatologischen Erwartungen und Hoffnungen hervor und konnten die Herrschaft an sich reißen. Als Sufi-Orden in Ardabil im Nordwesten Irans, in Aserbaidschan, entstanden, weckten die Safawiden unter ihrem Gründer Scheich Safî od-Dîn endzeitliche Hoffnungen auf Gerechtigkeit. Modern gesprochen, waren damit auch immer gewisse „sozialrevolutionäre" Visionen verbunden.

Warum schreibe ich dies alles, solche doch recht entlegenen religionsgeschichtlichen Fakten „aus meinen persischen Papieren" nieder? Was haben sie heute noch zu bedeuten, was sagen sie aus? Wie steht es mit Eschatologie und Mahdî-Erwartung im modernen Iran?

Bis heute gibt die islamische Revolution unter Führung des Ajatollâh Chomeinî dem Westen Rätsel auf. Das Ereignis liegt länger als vierzig Jahre zurück und ist, trotz vieler Literatur darüber, bis heute im Grunde unverstanden. Wie konnte das damals geschehen? Befand sich das Land denn unter dem Schah nicht auf dem Weg zur Moderne? Hatte es denn nicht große Fortschritte zu verzeichnen, in der Infrastruktur, im Schul- und Universitätswesen, in der Ökonomie und im Lebensstandard? Verglichen mit vor hundert Jahren war Iran nicht mehr wiederzuerkennen. Mit Schîrîn Ebâdî war erstmals eine Frau in das oberste Gericht des Landes berufen worden. Die Emanzipation der Frau machte vor allem in den großen Städten offenkundig gewaltige Fortschritte. Der Schah Rezâ Pahlawî war mit dem Westen verbündet und hatte gute Beziehungen zu Israel. Dies alles wurde, trotz der Diktatur des Schah, bei uns positiv wahrgenommen.

Der Schah war gewiss ein Despot, doch das galt im Grunde für alle Herrscher im damaligen Nahen Osten. Entweder herrschten die Armeen, wie in Ägypten und Algerien, offen oder verschleiert, oder Einheitsparteien unter Diktatoren wie in Syrien und im Irak; oder es waren Monarchen nach Art des Königs von Marokko oder gar der Âl Sa'ûd in Saudi-Arabien, mit Regimen, in denen es nicht besser zuging als in Iran. Von Demokratie, Pluralismus und Menschenrechten waren alle weit entfernt (und der größte Teil ist es bis heute noch immer). Die jeweiligen Geheimdienste sorgten mit eiserner Hand für Ordnung. Insofern unterschied sich Iran nicht von den anderen.

Zudem hatten die Pahlawîs den Einfluss der Religion etwas zurückgedrängt, wie seinerzeit Kemal Atatürk in der Türkei, und damit der Modernität einen kräftigen Schub nach vorne verschafft. Auch das gefiel dem Westen und auch manchen Modernisierern in Iran selbst. Welche Rolle sollte da die Religion noch spielen, außer einer vielleicht marginalen?

So sah es der Westen von seiner Warte aus, und so sieht er es bis heute. Über Iran und Persien wusste er wenig, und noch weniger war ihm die Sprengkraft der Religion klar. Daten, Zahlen, Fakten – insbesondere aus der Wirtschaft – bestimmten und bestimmen bis heute sein Urteil über außereuropäische Kulturen und Verhältnisse. Soziologie und Ökonomie – das sind die Zauberformeln der Welterklärung. Von der „weltbewegenden Macht Islam", wie ein Autor es einmal in einem seiner Bücher über die Religion Mohammeds vor langer Zeit formuliert hatte, wollte und konnte der Westen nichts mehr wissen. Er misst mittlerweile alles und jedes mit der positivistischen Elle, die allein in der Wirtschaft und in Parametern einer säkularen Gesellschaft wurzelt. Und er geht bei der Beurteilung von Revolutionen von eben dieser Grundvoraussetzung aus.

Von den Revolutionen des Westens war die amerikanische noch die religiöseste, denn die Bill of rights von 1781 atmet noch den protestantisch-sektiererischen Geist der Pilgerväter. Die Französische Revolution – für den Westler das Urbild aller politischen Umwälzungen – war 1789 schon agnostisch, wenn nicht atheistisch inspiriert. Die bürgerlichen Revolutionen im Europa des 19. Jahrhunderts standen im Zeichen des Nationalismus, der weitgehend weltlichen nationalen Bewegungen (Deutschland, Italien). Die russische Revolution, die von den Bolschewiki aus den Händen der Bürgerlichen 1917 „gekapert" wurde, war vollends atheistisch ausgerichtet, da an der marxistischen materialistischen Lehre orientiert. Dasselbe gilt für die chinesische Revolution unter Mao und viele kleine moderne Umwälzungen, die im Zeichen des Marxismus vonstatten gingen. In Europa herrscht auch die Meinung vor, Revolutionen müssten im weitesten Sinne „links" sein; dabei heißt „revolutio" nichts anderes als „Umdrehung", „Umkreisung" – so bei Kopernikus, der damit die Drehung der Planeten um die Sonne beschrieb.

Auf Persien, Iran bezogen erwiesen sich diese Kategorien als illusorisch. Zwar konnte man im Nachhinein ökonomische und gesellschaftliche Ursachen aller Art zusammenbringen, um Werden und Erfolg der islamischen Revolution in Iran auf irgendeine „linke" oder „säkulare" Weise zu „erklären"; doch die enorm wichtige Rolle der Religion, ja sogar der Eschatologie blieb im Grunde verborgen. Als hätte Max Weber seine Religionssoziologie gar nicht geschrieben.

Es scheint mir nicht übertrieben zu sein, wenn man behauptet, ohne die endzeitliche Lehre der Schiiten, ohne den Mahdî-Glauben, besonders der Schiiten, hätten die Revolutionäre um Ajatollâh Chomeinî wahrscheinlich gar nicht obsiegen können. Damit soll nicht behauptet werden, dass die Protagonisten der Revolution von Beginn an das gewollt hätten, was dann leider daraus wurde. Viele hatten sich das ganz anders vorgestellt. Es geht mir allein darum, die „persischen" Bedingungen herauszustellen, die natürlich eingebettet waren in umfassendere Entwicklungen in der islamischen Welt auch außerhalb Irans. Kulturelle, geistige Faktoren wurden nicht zur Kenntnis genommen oder für randständig erklärt. Freilich konnte man im Westen um diese Zeit schon beobachten, dass sich in Polen eine „Umwälzung" umfassender politischer Art anbahnte, die – von Arbeitern ausgehend – sich im Zeichen der Madonna vollzog, des Katholizismus. Ein Phänomen, das möglicherweise sogar bis heute den europäischen Intellektuellen noch Kopfzerbrechen bereitet.

Meine persischen Papiere enthalten eine Notiz über Poster, die man kurz nach der Rückkehr Chomeinîs am 1. Februar 1979 aus Neauphle le Château überall in Teheran sah. Sie gehörten sozusagen zur Ästhetik der islamischen Revolution, zu ihrer ästhetischen Formensprache. Das Plakat zeigte den auf der Flucht befindlichen Schah, ausgestattet mit Teufelshörnern. Über ihm schwebte, von einer Aura umgeben, die Gestalt Chomeinîs, des Revolutionsführers. Darunter stand ein eschatologischer Vers aus dem Koran: Dschaa al-haqqu wa zahaqa al-bâtil, innâ al-bâtila kâna zahûqan – Es erschien die Wahrheit, und das Nichtige verging; wahrlich, das Nichtige war vergänglich.

Das Poster brachte es auf den Punkt: Die schiitische Religion hatte über den diabolischen Schah, den Unterdrücker und Freund des Westens mit seiner weltlichen Ideologie und seinem hedonistischen Lebensstil triumphiert. Oder hatte Ahura Mazda über Ahriman gesiegt? Der altpersische Licht-Dualismus über die Mächte der Finsternis? Ohne Zweifel war Chomeinî die Erlösergestalt, unter der das alles firmierte, was sich seit Jahren angebahnt, ja angestaut hatte und schließlich siegreich gewesen war. Als das Flugzeug Chomeinîs aus Paris auf dem Teheraner Flughafen Mehrâbâd gelandet war, hatten sich etwa sieben Millionen Menschen dort eingefunden, um den zurückgekehrten „Imam" zu begrüßen. In seiner Begleitung befand sich auch der damals prominenteste Nahost-Journalist aus Deutschland Peter Scholl-Latour, der keinen Zweifel daran ließ, dass die Rückkehr Chomeinîs ein von eschatologischen Erwartungen und Hoffnungen durchwobenes und getragenes Ereignis gewesen sei. Vor allem im Bewusstsein der einfachen Leute, der Mostazafîn, die seine ergebensten Anhänger gewesen waren, schien in diesem Augenblick der verborgene, doch erwartete Imam al-Mahdî aus der Verborgenheit zurückgekehrt zu sein. Das Ende der Zeiten war offenbar angebrochen, und der „Zurückgekehrte" werde nun jenes verheißene Reich des Friedens und der Gerechtigkeit anbrechen lassen. Nicht alle Perser glaubten das, doch die überwiegende Mehrheit schien so zu denken, ja mehr noch zu empfinden. Schon bald war ganz offiziell die Rede vom „Emâm Chomeinî", als sei der hohe Kleriker tatsächlich diese endzeitliche Gestalt. Es blieb auch dabei, obwohl Chomeinî niemals selbst den Anspruch erhoben hatte, er sei der aus der Verborgenheit wiedergekehrte Imam al-Mahdî.

Im Westen rieb man sich lange ungläubig die Augen: Ein Greis, der aus dem Alten Testament zu stammen schien, gekrönt von einem Turban und immer im Schneidersitz sitzend, hatte den großmächtigen Schah, die Sonne der Arier (aryâmehr), von seinem Pfauenthron hinweggefegt. Den hatte einst Nâder Schah aus Indien weggeschleppt.

Begonnen hatte diese Entwicklung indessen schon am Ende des 19. Jahrhunderts. Unter dem Einfluss des britischen und russischen Imperialismus hatten die persischen Mullahs ihre viele Jahrhunderte währende Neigung zu friedlicher Beschaulichkeit und Mystik ad acta gelegt und begannen, politisch regsam zu werden.

Die Haltung der Perser zu den Mullahs ist seit vielen Jahrhunderten sehr ambivalent. Schon ein Hâfez und andere klassische Dichter ereiferten sich, wie wir wissen, über die Heuchelei der iranischen Kleriker-Kaste, über ihre Doppelmoral und Gewinnsucht und so weiter. Andererseits genießt der Dorf-Mullah noch immer eine gewisse unbefragte Autorität und hält seine Stellung. Einzelne führende Gelehrte sind zudem hoch angesehen. Und es ist den Gläubigen erlaubt, sich die Meinung gewisser hochgelehrter und geschätzter Ajatollâhs zu eigen zu machen. Deren Lehrautorität in Sachen Moral und Ethik kommt in den Fatwas zum Ausdruck, die mehr religiöse Rechtsgutachten als „Urteile" sind.

Im Jahre 1896 erließ der bekannte Ajatollâh Mohammad Schîrâzî die sogenannte Tabak-Fatwa. Darin wurde den Gläubigen der Genuss von Tabakwaren untersagt – und das Volk hielt sich daran. Die schwache und bankrotte Regierung des Schahs wollte in jenen Tagen das Tabakmonopol an den Engländer Talbot verschachern, um die Staatskasse aufzufüllen. Da dies die finanzielle und politische Abhängigkeit des Landes von Britannien weiter gefestigt hätte, regte sich Widerstand, an dem die Mullahs aktiv teilnahmen. Und der Tabak-Aufstand hatte Erfolg: Die Regierung musste dieses Unterfangen aufgeben, Talbot unverrichteter Dinge abziehen.

Seit dieser Zeit beanspruchten etliche Religionsführer das Recht, in der Politik ihren Einfluss zu wahren. Zwischen 1905 und 1909 sympathisierten etliche Religionsgelehrte mit der konstitutionellen Revolution (harakat-e maschrûte), die den Qâdschâren-Herrschern eine Verfassung abtrotzte und die Rechte des Kaisers beschnitt. Im Jahre 1925 endete mit Ahmad Schah die Dynastie. Damals war der spätere Ajatollâh Chomeinî, 1902 in der Kleinstadt Chomein geboren, ein junger Mullah und in Ausbildung begriffen.

Das Studium der schiitischen Theologie ähnelt bis heute unseren mittelalterlichen Studien, die in Trivium und Quadrivium aufgeteilt waren, und dauert viele Jahre, bisweilen Jahrzehnte. Am Ende kann man es zum Ajatollâh ol-ozma bringen, zum „Groß-Ajatollâh", der als Quelle der Nachahmung (mardscha-ye taqlîd) höchste Autorität beanspruchen kann.

Rezâ Khan, der Anführer der persischen Kosakenbrigade, übernahm nach dem Fall der Qâdschâren die Macht in Teheran. Er war eine in jeder Hinsicht gewichtige Persönlichkeit, ein Hüne von annähernd zwei Metern Größe und herkulischer Kraft. Und so agierte er auch. Seine politische Leitlinie war der „Iranismus", eine Betonung des nationalen bis nationalistischen Denkens, das er dem „Türkismus" (Türkçülük) in der benachbarten Türkei abgeschaut hatte. Dort hatte Kemal Pascha Atatürk (1881–1938) aus den Restbeständen des osmanischen Sultanats einen national-türkischen, republikanischen Staat geformt und ging daran, diesen mit umfangreichen säkularen Reformen auszubauen. Nach dem Vorbild westlicher Länder sollte die Religion, der Islam, fortan eine Privatsache des Einzelnen sein, aber nicht mehr den Staat tragen und die Gesellschaft strukturieren. Dies sollten vielmehr laizistische Strukturen. Rezâ Khan nahm sich das zum Vorbild.

An seiner Person und Politik schieden sich von Anfang an die Geister. Sein Nationalismus, der das Iranische gegenüber dem Islam hervorhob, sowie seine Absicht, den Einfluss der Mullahs und der Religion zu begrenzen, gefiel manchen Intellektuellen, die sich deshalb zu seinen Unterstützern aufschwangen. Zur Not, so wird es jedenfalls berichtete, prügelte Rezâ Schah auch schon einmal einen Mullah, der sich seinen Anordnungen widersetzte, höchstpersönlich. Die persische Sprache sollte von Arabismen und Türkismen gereinigt werden, wie das – unter umgekehrtem Vorzeichen – auch in der Türkei geschah, wo die persischen Wörter eliminiert wurden. Ursprünglich hätte sich Rezâ Khan auch damit begnügt, nur ein Präsident und Republikaner zu sein, doch schmeichelte es ihm natürlich, als man ihn höflich „bat", sich zum Schah krönen zu lassen. Dass die neue Dynastie Pahlawî hieß, nach dem Mittelpersischen, bekräftigte den national-iranischen Kurs, der eingeschlagen werden sollte. Im Jahre 1937 erhielt das alte Land Persien wieder den amtlichen Namen Iran – Land der Arier, altpersisch Aryâna, mittelpersisch Erân.

Man baute Straßen, Schulen und Universitäten, und es gab auch liberale Mullahs, die diesen Kurs unterstützten. Mit der Mehrheit indessen verscherzte er es sich immer mehr, obwohl seine Reformen längst nicht so tiefgreifend waren wie in der Türkei der zwanziger und dreißiger Jahre. So behielt Iran im Unterschied zur Türkei die arabische Schrift bei und wahrte somit die Kontinuität zur eigenen kulturellen Vergangenheit, insbesondere zur großen klassischen Dichtung. Man stelle sich einmal vor, die des Lesens und Schreibens kundigen Perser hätten von einem Tag auf den andern eine neue Schrift erlernen müssen, wie in der Türkei, oder, viel schlimmer, die jungen Schüler wären nicht mehr in das alte Alphabet eingewiesen worden und hätten die Gedichte eines Hâfez oder Saadî gar nicht mehr lesen können! Diesen Kulturbruch, der vieles nach sich gezogen hätte, ersparte Rezâ Schah seinen Untertanen. Freilich wuchs der Widerstand gegen seine autokratischen Methoden.

Zum Verhängnis wurde Rezâ Schah seine politische und ideologische Nähe zum Regime des Nationalsozialismus. Schon aus Gegnerschaft zu den Kolonialmächten Russland und England, die das Land immer wieder bedrängt oder gar besetzt hatten, sympathisierte Rezâ mit Berlin und Hitler. Er stand damit, wie man weiß, nicht allein, sondern fügte sich in die allgemeine Stimmung des Orients ein. Hinzu kam allerdings, anders als bei Arabern oder Türken, ein verquastes und unselig ideologisiertes „Indo-Ariertum", das sich zwar zu Recht auf die Herkunft der eigenen Kultur bezog (Iran heißt eben nichts anderes als Arier-Land in einem sprachlichen und historisch-ethnographischen Sinne), doch im Zusammenhang mit dem kruden Rassismus der Nationalsozialisten in ein unseliges Fahrwasser geriet. Rezâs „Ariertum" machte auch Anleihen bei Joseph Goebbels. Noch heute kann es geschehen, dass insbesondere der Gast aus Deutschland darauf angesprochen wird – in unangenehmer Weise, die peinlich berührt.

1941 setzten die Alliierten Rezâ Schah ab und schickten ihn ins Exil nach Johannesburg, wo er 1943 starb. Das Echo war ambivalent, der Hass der Perser auf Engländer und Russen wuchs weiter an, doch dem abgesetzten Herrscher weinten viele keine Träne nach, vor allem nicht unter den Mullahs. Der neue Schah Mohammad Rezâ Pahlawî war natürlich Herrscher von Gnaden der Alliierten, vor allem der Engländer. Er wurde zu einer der tragischsten Figuren der Weltgeschichte in der zweiten Hälfte des 20. Jahrhunderts. Immerhin gelang es ihm, von 1941 bis 1979 die Macht zu behaupten, wobei ihm die Unterstützung zunächst der Briten, dann der Amerikaner half. Man kann nicht sagen, dass er von Beginn seiner Regierungszeit an unbeliebt gewesen wäre; er setzte viele Veränderungen seines Vaters fort, das Bildungswesen wurde ausgebaut. Viele jener Perser, die aus Anlass seines Besuches in Berlin 1967 gegen ihn protestierten, hatten staatliche Stipendien für ein Studium im Ausland erhalten. Freilich setzte er auch das autokratische Gebaren seines Vaters fort, die Familie bereicherte sich, noch verhasster als er selbst wurde später seine Zwillingsschwester Prinzessin Aschraf. Die schiitische Religion wurde nicht abgeschafft, der Schah pilgerte hier und da sogar zu einem der heiligen Schreine; doch zurückgedrängt wurde sie schon. Parallel dazu setzte sich westlicher Lebensstil in den Städten mehr und mehr durch. Auch der Schah selbst pflegte westliche Lebensart, betrieb Wintersport in der Schweiz. Seine Scheidung von Soraya und seine zweite Ehe mit Farah Diba beschäftigten jahrelang die „Gelbe Presse" in Europa. Freilich war schon zu Zeiten von Nâser od-Dîn Schah der

Modernismus in den Golestân-Palast zu Teheran eingezogen, was ein Besuch desselben deutlich zeigt: Dort herrscht eine Mischung aus traditioneller persischer Ästhetik und europäischer Kunst.

Die wachsende Opposition wurde mit hilfe des berüchtigten Geheimdienstes Savak und ihrer Foltermethoden niedergehalten. Und schon damals verließen Iraner ihr Land, um im Westen frei atmen zu können. Eine im Lebensstil westlich ausgerichtete Oligarchie profitierte vom Regime. Als der Schah die sogenannte weiße Revolution ins Werk setzte, bei der den Bauern Land übereignet wurde, das zuvor Großgrundbesitzern gehört hatte, erwies sich dies als Schuss, der nach hinten losging: Die Bauern, die an ein Arbeiten ohne den Grundbesitzer nicht gewöhnt waren, waren überfordert, ihre Abhängigkeit von den Besitzern großer Latifundien verstärkte sich sogar. Da auch führende Mullah-Familien zu den Großgrundbesitzern gehören, wuchs auch die Kritik aus diesen Kreisen. Der langjährige Parlaments- und auch Staatspräsident der islamischen Republik Hodschatoleslâm Ali Akbar Rafsandschânî zum Beispiel stammte aus einer Familie, die den Pistazienhandel Irans fast wie ein Monopol kontrollierte.

Als der Schah 1971 mit großem Pomp in Persepolis 2500 Jahre iranische Monarchie feiern ließ und sich damit in eine Reihe mit großen Herrschern, wie Kyros, Xerxes, Alexander, Ardashir, Schahpur oder Abbâs stellte, sahen die einen darin eine Beschwörung historischer Kontinuität des Persertums, während andere zur Überzeugung gelangten, der Schah leide nun endgültig an Größenwahn.

Dennoch wäre niemand auf die Idee gekommen, dass es schon acht Jahre später ein Ende damit haben sollte.

Heute kann es als sicher gelten, dass der Schah seinen Untergang schon lange vorher antizipiert hatte: im Jahre 1953. Wenn er damals klüger reagiert hätte, wäre Irans Geschichte, und vielleicht sogar seine eigene, sehr viel anders verlaufen.

Die Entscheidung fiel bereits zu Beginn der fünfziger Jahre. Zum politischen Idol der Perser war Mohammad Mossadegh geworden, ein Patriot, frommer Schiit und Führer der Nationalen Front, der wichtigsten Oppositions-Bewegung. Als Ministerpräsident betrieb und forderte er, dass die Anglo-Iranian Oil Company verstaatlicht, das heißt nationalisiert, werden sollte. Bei diesem Ziel waren sich fast alle Iraner einig, denn das iranische Erdöl, das die Briten seit Beginn des 20. Jahrhunderts förderten, sollte endlich den Iranern gehören. Auch anderswo in der islamischen Welt gab es diese Bestrebungen. Der Schah erkannte die Zeichen der Zeit nicht, lavierte hin und her und musste schlussendlich ins Exil gehen. London war empört und erreichte, im Verein mit Washington und der amerikanischen CIA sowie im Zusammenspiel mit dem Schah, durch einen Putsch den Sturz Mossadeghs und die Rückkehr des Schahs auf seinen Thron. Der Plan, das iranische Öl völlig in die eigenen Hände zu bekommen, war zunächst gescheitert, der populärste Politiker seit Langem von der Macht verdrängt und jedes Einflusses beraubt. Die Amerikaner hatten den Schah „gerettet", es sich aber mit dem iranischen Volk bis heute verscherzt.

Mohammad Rezâ Pahlawî triumphierte, bemerkte jedoch gar nicht, dass er sich durch die Gegnerschaft zu Mossadegh, das Zusammenspiel mit den westlichen kolonialistischen Mächten den Anfang vom Ende seiner Herrschaft bereitet hatte. Das sehen heute fast alle Iraner so, vielleicht sogar die Monarchisten, die es auch noch gibt. Doch alles, was der Schah, wie geschildert, danach tat, war ein ganz unsicherer Wechsel auf die Zukunft; und sein Regiment wurde immer despotischer und unerbittlicher, trotz besagter Reformen. Der Wohlstand verteilte sich immer ungleicher in der Bevölkerung, das heißt, das Heer der Armen wuchs, die demokratischen Rechte hatten unter der Knute der Savak keine Chance, realisiert zu werden.

Da bot die Religion einen gangbaren Ausweg. Die Moscheen wurden die einzigen Orte, an denen man ungestraft ein offenes Wort der Kritik riskieren konnte. Der schiitisch-religiöse Diskurs, der schlussendlich zur Revolution führen sollte, nahm von Jahr zu Jahr sichtbarere Gestalt an. Die bis dahin nicht immer beliebten Mullahs erhielten Zulauf. Einige Schüler des an sich eher quietistisch eingestellten Ajatollâh Borudscherdî, unter ihnen auch Ajatollâh Ruhollâh Mûsâwî Chomeinî, wurden die beredtesten und aktivsten Sprecher der Opposition, die sich ziemlich heterogen zusammensetzte und unterschiedliche Ideologien vertrat.

Die iranischen Kommunisten waren in der Tûdeh-Partei organisiert, die schon immer gegen die Monarchie gekämpft, aber wegen ihrer Moskauhörigkeit an Popularität verloren hatte. Schließlich hatten sowohl das alte russische Zarenreich als auch das kommunistische Sowjetrussland den Norden Persiens besetzt gehabt. Die Russen waren fast so unbeliebt wie die Engländer. Populär hingegen war die Nationale Front, die noch immer vom Nimbus Mossadeghs zehrte. Sie wurde von Karîm Sandschâbî geführt. Sie war eine zwischen Nationalismus und Liberalismus angesiedelte Kraft. Unter den Mullahs scharten sich etliche um die Figur Chomeinîs, die auch später, nach dem Sieg der islamischen Revolution eine führende Rolle spielen sollten. Doch auch Zivilisten schlossen sich dem religiösen Kurs und Diskurs an. Zu ihnen gehörte der Ingenieur Mehdî Bâzârgân, später der erste Ministerpräsident der Republik. Er war möglicherweise der einzige in dieser ganzen Riege, dem es mit den Menschenrechten im Rahmen der Religion ernst war, ein Mann des Ausgleichs, der auch mit dem Westen hätte umgehen können, wenn man ihn denn gelassen hätte. Die Intensivierung des Religiösen ergriff auch viele Studenten, die traditionell eher links waren. Doch einige vormals linke Intellektuelle pflegten nun in einer Mischung aus linker Emanzipations-Ideologie und schiitischem Messianismus, eben der Eschtologie, ebenfalls den religiösen Diskurs. Der einflussreichste Schriftsteller dieses Lagers war Dschalâl Âl-e Ahmad, der eine Drehwende hin zur revolutionären Interpretation des Schiitentums einleitete. Noch populärer wurde Alî Schariatî, ein junger Soziologe und Theologe, der den Schiismus ebenfalls revolutionär aufbereitete und eine große Anhängerschaft fand. Auch er interpretierte das Schiitentum und seine lange Märtyrertraditionen auf eine eher linke Weise. Im Jahre 1977 kam er ums Leben, auf offenbar ungeklärte Weise.

Er unterschied in seinen Schriften zwischen einer alidischen und safawidischen Schia. Die alidische war gesellschaftlich engagiert, kämpferisch und auf Gerechtigkeit ausgerichtet, also die authentische und ursprüngliche, während die safawidische gewissermaßen das Gegenteil verkörpert habe: die Weltabgewandtheit, die Mystik, das Dulden und bloße Trauern ob der Ungerechtigkeit der Welt. Alî, der Gründer der Schia, und Fatima (Fâteme), die größte Heilige der Schiiten, wurden für ihn zum Musterbeispiel der sozial engagierten, kämpferischen Schia und beide zum unerreichbaren Vorbild im gesellschaftlichen Wirken der Gläubigen. Schariati erlebte den Sieg der Revolution nicht mehr, die Umstände seines frühen Todes sind schwer zu durchschauen. Kleriker wie Ajatollah Mahmûd Tâleghânî suchten die Nähe der Studenten und hoben ebenfalls die Nähe der Schia, besonders deren Messianismus, zum gesellschaftlichen Engagement hervor.

Schon in den sechziger Jahren hatten sich die radikaleren Fedayân-e Eslâm (die sich für den Islam Opfernden), die den Marxismus mit der Religion verbanden, gegründet und Anschläge auf Repräsentanten des Schah-Regimes unternommen. Gleichfalls von Marx und der Religion inspiriert waren die später auftretenden Modschâhedîn-e chalgh-e Irân, die „Volksmudschahedin", die in die Studentenschaft hineinwirkten und auch etliche Intellektuelle für sich gewinnen konnten. Je mehr die oppositionelle Volksbewegung an Einfluss gewann, desto stärker löste sie sich vom Marxismus, der bei den Massen der „Mostazafîn", der „Enterbten und Entrechteten" keinen wirklichen Anklang fand. Diese fromme Bevölkerungsmehrheit setzte ganz auf die Religion. Der Schriftsteller Âl-e Ahmad hatte das Stichwort von der „gharbzâdegî" in die propagandistische Waagschale geworfen. Damit meinte er die „Vergiftung Irans durch den Westen", das westliche Denken und die westliche „Lebensweise". Sie entfremde Iran von seiner Religion und Kultur, fördere Kapitalismus und Hedonismus, führe zum Verfall der Sitten.

Dies gefiel besonders den Kreisen um Chomeinî. Von Demokratie redeten viele, ja fast alle, auch die revolutionär gesinnten Kleriker; doch jeder verstand darunter etwas anderes. Die weiße Revolution des Schah (enghelâb-e sefîd) führte wegen der Probleme, die sie offenkundig mit sich brachte, zu schweren Unruhen. Dabei spielte Chomeinî schon eine tragende Rolle als religiöse Bezugsperson. Seine Predigten und Aufrufe begannen, jene endzeitliche, fiebrige Stimmung zu erzeugen und zu verbreiten, die schließlich in den kommenden Jahren beständig anwuchs und speziell in der Hauptstadt zu spüren war. Seine Botschaft lautete: Der Islam wird alle Probleme lösen. Diese Parole – al-Islâm huwa al-hall – kannte man bereits auch von sunnitischen Islamisten oder den Muslimbrüdern. Schon damals bildete sich um Chomeinî so etwas wie die Aura des „verborgenen Imam", dessen Rückkehr man erwarte, besonders bei den einfachen Iranern.

Im Jahre 1963 verwies der Schah Ajatollâh Chomeinî des Landes, was sich als ein großer Fehler herausstellen sollte. Zwar reüssierte der künftige Revolutionsführer an seinem türkischen Exil-Ort Bursa mit seinen aufrührerischen Botschaften nicht besonders, doch änderte sich das, als er sich ein Jahr später in den Irak begab, nach Nadschaf, der heiligsten Stätte des Schiitentums überhaupt. Im Schatten von Alis Grabmoschee wurden und werden seit Jahrhunderten ganze Generationen schiitischer Religionsgelehrter ausgebildet. Im Umkreis dieser heiligen Stätte begann nun der Exilierte zu lehren und zu predigen. Es versteht sich, dass die Resonanz, die sozusagen von heiliger schiitischer Erde ausging, ungleich größer war, als von der Türkei aus. Und Iran lag sehr nahe. Nicht nur geographisch, sondern auch logistisch und vor allem psychologisch und religionsgeschichtlich. Die damalige irakische Regierung und später Saddam Hussein duldeten die Aktivität Chomeinîs wie seiner Anhänger aus politischer Gegnerschaft zum iranischen Nachbarn.

In diesen Jahren des Exils entwickelte Chomeinî jene Ideen, die nach der islamischen Revolution zum Tragen kommen sollten. Es war ein ganz neues politisches Konzept und ein gesellschaftliches Experiment, denn nach dem Sturz des verhassten Schahs sollte ein „islamischer Staat", eine islamische Republik begründet werden. Hatten sich die „olamâ" und „foghahâ", die schiitischen Theologen und Rechtsgelehrten, bisher allenfalls als Stellvertreter und Sachwalter des „verborgenen Imam" verstanden, die in das Volk hineinwirkten, so sollten sie jetzt selbst den Staat in die Hand nehmen. Es entstand das Konzept der „Herrschaft des obersten Rechtsgelehrten" (welâyat-e faghîh), das bis heute gilt. Ob Chomeinî damals schon der Meinung war, er werde der erste dieser Staatsführer sein, ist ungewiss, doch denkbar ist es schon. Das Volk, ohne einen weltlichen Herrscher, sollte dieses System in einer Volksabstimmung bestätigen, dies war Demokratie genug. In der islamischen Republik gab es keinen Monarchen mehr, dafür strukturierte die Religion in Gestalt der Scharia und der Mullahs sowie des obersten Religionsgelehrten (walî-ye faghîh) die Gesellschaft und einen islamischen Staat. Das war neu und einmalig in der islamischen Geschichte Irans: dass die Mullahs direkt das Land regierten. Früher hatten sie oft genug als willige Werkzeuge und Büttel der Selbstherrscher agiert, nun sollten sie selbst die Macht innehaben.

Chomeinî und seine Anhänger im Irak schickten seine Botschaften auf Kassetten über die nahegelegene Grenze nach Iran. Dort entfachten sie umso größere Begeisterung und Hoffnung, je mehr der Schah seine oben skizzierte Politik fortsetzte. Chomeinî schien für die Massen in der Tat der verborgene Imam zu sein (entfernt und doch im Wort allzeit gegenwärtig). Immer wieder nannte er den Schah den „zweiten Yazîd“ in Anspielung auf den Mörder des Imams Hossein.

Im Jahre 1976 ließ der Schah den iranischen Kalender von der islamisch-schiitischen Zeitrechnung, das heißt von der Hedschra des Propheten Mohammed im Jahre 622 an, auf einen iranischen Kalender umstellen, der die Krönung des Kyros vor 2500 Jahren zum Ursprung nahm. Damit sollte mehr Nationalismus einkehren im Lande und weniger Islam. Das empörte nicht nur die kleinen, tieffrommen Leute und die Mullahs, sondern auch weniger religiöse Iraner. Es kam zu Protesten und gewalttätigen Ausschreitungen. Zwar machte der Ministerpräsident Scharîf-Emâmî den Beschluss rückgängig, doch weisen meine Papiere aus der Zeit meiner damaligen Visite in Teheran und Isfahan nach den blutigen Ereignisse vom Dschaleh-Platz eine „fiebrige, gespannte, vorrevolutionäre Stimmung“ aus.

In jenen Tagen predigte Chomeinî längst aus Paris. Saddam Hussein hatte sich mit dem Schah über eine Grenzregelung im Schatt al-Arab, dem Zusammenfluss von Euphrat und Tigris, geeinigt, und der Schah hatte im Gegenzug seine Unterstützung für die aufständischen irakischen Kurden unter Mullah Mostafâ Barzânî eingestellt. Er brauchte Chomeinî nicht mehr als „Pfand“ gegenüber dem Schah, der aufwieglerische Gelehrte ließ sich in Neauphle le Château bei Paris nieder.

Auch diese Ausweisung war ein Fehler. Es zeigte sich, dass der Einfluss Chomeinîs auf die schiitischen Massen mit dem Grad der Entfernung von ihnen sogar noch anwuchs. Der „Revolutionsführer“ (rahbar-e enghelâb), wie man ihn bald nannte, konnte jetzt mit der europäischen, der westlichen Presse kommunizieren. Den Kontakt mit den Medien und einflussreichen Journalisten vermittelten bekannte iranische Intellektuelle, die seine Entourage bildeten, Männer wie Sâdegh Qotbzâdeh, Sâdegh Tabâtabâ'î, der selbst aus einer bekannten Gelehrten-Familie stammte, und nicht zuletzt Abol Hasan Banî-Sadr, den man den linken Schiiten zurechnen musste. Hilfreich war auch Ahmad Chomeinî, ein Sohn des Ajatollahs.

In Iran selbst nahm die eschatologische Atmosphäre in jenem Maße zu, in dem die Repression des Schah Opfer forderte. Die schiitische Sitte, am vierzigsten Tag nach dem Tod eines Gläubigen öffentlich und kollektiv zu trauern, führte zu Demonstrationen, die sich zu dauerhaften Veranstaltungen steigerten. „Allahu akbar – Chomeinî rahbar" (Gott ist am größten – Chomeinî der Führer) wurde in den Straßen skandiert.

Chomeinî selbst erzählte den westlichen Journalisten etwas von islamischer Demokratie, das Volk werde selbstbestimmt herrschen, nicht länger der Schah. Die in Persisch gehaltenen Predigten konnte keiner verstehen, seine Texte niemand lesen. Seine Entourage erläuterte Chomeinîs Botschaft mit den Worten, der revolutionäre, aus der Religiosität gespeiste Aufruhr werde zu einer Volksherrschaft der Gleichen führen, wie sie die ursprüngliche Intention der schiitischen Identifikationsfiguren gewesen sei. Linke wie Banî-Sadr sprachen von sozialer Emanzipation und Brüderlichkeit, das kam im Westen, insbesondere natürlich im Land der Französischen Revolution, gut an, zumal der Schah schon seit Langem einen üblen Ruf hatte. Intellektuelle wie er hatten sich die Begriffe der westlichen Soziologie perfekt angeeignet und interpretierten nun den revolutionären Islam mit dieser Begrifflichkeit.

Die Demonstranten in den iranischen Städten führten die schwarzen schiitischen Banner mit sich, auf denen Hossein und Alî gepriesen wurden: yâ Alî, yâ Hossein – o Alî, o Hussein. In den Taziyehs, jenen traditionellen Volksstücken, die seit Jahrhunderten das Martyrium des Hossein vergegenwärtigen und beschwören, nahm der Schah die Stelle des „Schurken"-Kalifen Yazîd ein.

Endgültig stürzte der Schah wohl, weil die Armee, auf die er so stolz gewesen war, nicht bereit war, wie die achaimenidische Garde der Zehntausend Unsterblichen in der Antike, für den Schâhinschâh, den „König der Könige", in den Kampf zu ziehen und weil die Amerikaner ihn fallen ließen. Sie hatten sich dafür entschieden in der Hoffnung, dass der neu ernannte Ministerpräsident Schâhpûr Bachtiâr die Krise noch werde bewältigen können. Er gehörte der oppositionellen Nationalen Front an, war jedoch chancenlos. Der Schah Mohammad Rezâ Pahlawî verließ mit der gesamten Familie das Land, fand zunächst bei dem marokkanischen König Hassan II. Schutz und bei dem ägyptischen Präsidenten Anwar al-Sadat ein sicheres Exil. Dort starb er 1980 in Kairo und wurde in der Rifâ'î-Moschee begraben. Seitdem lebt die Familie im Ausland, hält jedoch über monarchistisch gesinnte Iraner noch Kontakte nach Iran.

Am 1. Februar 1979 kehrte Chomeinî nach Iran zurück, als sei er tatsächlich der wiedergekehrte zwölfte Imam, das Eschaton hatte gesiegt. Der Empfang durch die Menge war überwältigend, ein religiöser Enthusiasmus war deutlich zu spüren, wie viele Beobachter von damals berichten. Das so lange quietistisch gewesene Schiitentum hatte Revolution gemacht und damit seinen ursprünglich politischen Charakter zurückgewonnen. Der Optimismus war groß, indessen nicht in einem gewöhnlichen Sinne, denn gerade die Mostazafîn waren bereit zu glauben, nun breche das Goldene Zeitalter an, Erlösung, Gerechtigkeit und Freiheit bekämen nun ihre Stunde. Bis zu seinem Tod im Jahre 1989 nannte man Chomeinî nur den Emâm. Er wurde südlich von Teheran in einem Mausoleum bestattet, das es an goldkuppeligem Prunk mit dem der frühen Imame der Schia durchaus aufnehmen kann.

*

Der Staat, den Chomeinî gründete, besteht nun fast ein halbes Jahrhundert. Er hat die blutigen Anfangswirren, die Hinrichtungen von Repräsentanten des Schah-Regimes, die gewaltsamen Auseinandersetzungen mit links-revolutionären Anhängern, die zu Gegnern wurden und die man verfolgte, ebenso überstanden wie den mörderischen Krieg mit dem Irak. Da war Iran nicht der Aggressor gewesen, sondern der Verteidiger. Dieser Krieg, der eineinhalb Millionen Perser das Leben kostete, festigte das Regiment der Mullahs sogar. „Right or wrong, my country!" lautete die Devise. Iranische Pilger forderten mehrfach während der Haddsch, der alljährlichen Wallfahrt nach Mekka, das saudische Königreich heraus, die Vormacht nicht allein des sunnitischen Islam, sondern des gesamten, weil es die heiligsten Stätten der Religion, an denen der Prophet Mohammed selbst gewirkt hatte, beherbergt. Überall in der islamischen Welt erhielten die Schiiten Auftrieb, wo sie die Minderheit waren, wie im Libanon, ebenso wie in Bahrein, wo sie die Mehrheit stellen. Denn die „islamische Revolution" (enghelâb-e eslâmî) sollte exportiert werden.

Die eher linken und/oder demokratischen Anhänger und Unterstützer der Revolution hatten den Ajatollâh als endzeitliche Galionsfigur und Zugpferd auserkoren in der irrigen Meinung, nach dem Sturz des Schahs und dem Ende der Monarchie werde dieser sich zu seinen Studien nach Ghom zurückziehen und ihnen das Feld überlassen. Das erwies sich als gigantischer Irrtum, denn nun legte der greise Revolutionsführer erst richtig los. Bis zum Jahre 1982 hatte er sich jeglicher Opposition entledigt, zum Teil in bürgerkriegsähnlichen Kämpfen mit den Volksmudschahedin, teilweise mit hilfe des neuen Geheimdienstes Savama, der nicht weniger brutal war als die Savak des früheren Schahs. Die Gefängnisse, vor allem das berüchtigte Evin-Gefängnis in Teheran, füllten sich. Prominente Mullahs, wie Ajatollâh Beheschtî, fielen Attentaten der Opposition zum Opfer. Ministerpräsident Mehdî Bâzargân, ein Gemäßigter, gab nach wenigen Monaten auf, Staatspräsident Bani-Sadr, den Volksmudschahedin nahe stehend, floh aus dem Land und ging wieder nach Paris ins Exil. Wie viele Tote der Umsturz forderte, hat noch niemand exakt festgestellt.

Nach dem Tod Chomeinîs behauptete sich die Republik; Hoffnungen auf ein Tauwetter nach 1997 zerstoben leider, denn es zeigte sich, dass auch Präsident Mohammad Chàtamî, ein Hoffnungsträger, der sich dem Westen und den Amerikanern annähern wollte, eben doch Teil des Systems war und es nicht sprengen konnte. Seither kämpfen die Iraner um mehr oder weniger enge oder breite Nischen, in denen sie ihre persönliche Freiheit auszutesten suchen. Etliche Demonstrationswellen endeten im Nichts. Das Verhältnis zum Westen und zu Israel bleibt feindselig bis ungeklärt, nicht ohne manche Fehler und Fehleinschätzungen beider, in letzter Zeit besonders der Amerikaner, während sich das Verhältnis zu Europa gebessert hatte.

Das Fatale an der islamischen Republik Iran ist nicht, dass ihre Gesellschaft von der schiitischen Religion grundiert und strukturiert wird; selbst die stark entchristlichten Gesellschaften des Westens leben noch von der Substanz der Religion, des Christentums, wenn auch in säkularisierter Form. Ihre Sozialstaaten gäbe es ohne die Lehren des Christentums in der herrschenden Form nicht. Doch ein Religionsstaat, wie Chomeinîs Republik, ist eben für alle unerträglich, die weniger religiös oder gar nicht religiös sind, wie umgekehrt ein atheistischer Staat, wie das im realen Sozialismus des zugrunde gegangenen Ostblocks der Fall war, für Menschen unerträglich war, die religiös oder sogar tief religiös waren und sind. Die seit 1979 herrschenden Kreise in Iran hätten deshalb vieles von den alten Achaimeniden zu lernen, die in ihrem Reich es dem einzelnen anheimstellten, welcher Religion er angehörte und dies tolerierten. Auch ihr Reich wurde nicht durch Freundlichkeit zusammengehalten, doch die 28 verschiedenen Völker und Religionsgemeinschaften, die dem Großkönig untertan waren, genossen Freiheiten, die zu jener Zeit – zumal im Vorderen Orient – ungewöhnlich waren.

Wie viele Länder des heutigen Orients ist auch Persien ein „junges" Land, was seine Bevölkerung angeht. Mehr als die Hälfte der Iraner sind jünger als dreißig Jahre. Wie gehen sie mit dem Despotismus der islamischen Republik um? In periodischen Abständen kommt es zu Unruhen, die von den Sicherheitskräften niedergeschlagen werden. Dann verkriechen sich die jungen Menschen wieder in jenen Nischen, die sie sich geschaffen haben. Man kennt das auch aus anderen autokratisch regierten Gesellschaften – dass man sich, mehr noch als zuvor, ins Private zurückzieht. Dort versucht man, die Verhältnisse möglichst unbehelligt zu überstehen. Manche testen auch immer wieder, wie weit man bei der individuellen Lebensgestaltung gehen kann, das heißt: wie weit der Staat den Einzelnen gewähren lässt.

Der Todfeind der Mullah-Kratie, die Vereinigten Staaten von Amerika, der Große Satan (schaitan-e bozorg), ist bei der Jugend besonders beliebt. Viele träumen vom American way of life und versuchen, diesen zu imitieren, soweit sie dazu in der Lage sind. Auch diese Erscheinung ist nicht neu und auch nicht ungewöhnlich: Als der Weltkommunismus noch eine Weltmacht war, war sein Klassenfeind, der Kapitalismus, bei den jungen Untertanen gerade besonders populär. Zur Beliebtheit der Amerikaner tragen auch die Berichte bei, die von in den USA lebenden Exil-Iranern in das Land dringen – trotz mancher Abschottungs-Bemühungen.

Ein Ventil im intellektuellen Leben sind die Kunst und die Literatur. Die alten Meister der Poesie, die wir kennengelernt haben, ein Hâfez und vor allen ein Maulânâ Rûmî (Maulawî) mit seinen liebes-mystischen Versen, werden gelesen wie eh und je, ja sogar noch mehr. Auch dieses Muster ist aus anderen Diktaturen bekannt. Schon im Kapitel über die klassische Dichtung hatte ich darauf hingewiesen, wie ungebrochen und aktuell diese literarische Tradition ist, denn die Verhältnisse in Staat und Gesellschaft Irans sind unter einem Firnis der Modernität doch nahezu unverändert, das Wort der Dichter insofern so dringlich wie immer.

Die iranische Teppichkunst und die Miniaturmalerei machen deutlich, wie wenig sich die Perser an das sogenannte „Bilderverbot" der Religion gehalten haben. Was wäre ihre Kultur ohne diese Künste, die für das Land und das ganze Volk geradezu sprichwörtlich geworden sind! Insoweit ist es nicht verwunderlich, dass der Drang nach bildnerischer Darstellung in einer modernen

Kunstform seinen Ausdruck findet, in der Iraner in den letzten Jahrzehnten Großartiges geleistet haben: der Filmkunst. Iranische Regisseure werden regelmäßig bei den internationalen Filmfestivals ausgezeichnet. Über das bewegte Bild – sozusagen durch die Blume, und es muss ja nicht immer die Rose sein – lässt sich eine immanente Kritik am Regime üben. Und wie die alten Dichter mit ihrer metaphorischen Sprache können sie durch ihre Art der Dialektik das zum Ausdruck bringen, was ihnen ein Bedürfnis ist; doch es ist auch für bekannte Filmemacher immer noch eine Gratwanderung und wird das auch noch einige Zeit bleiben. Leider.

*

Die Bildnisse Rostams

Ein zweites Intermezzo

Es kündet König Darayawausch …
(Relief von Behistûn)

Es ist eine Landschaft der Stille, des Schweigens, der stummen Anwesenheit der Geschichte. Wer immer in früheren Zeiten die Stadt Schiras (Schîrâz) und das geschichtsträchtige Persepolis besuchte, verweilte auch hier. Von den Ruinen des altpersischen Königssitzes bis hierher sind es nur etwa sechs bis sieben Kilometer. Das Gelände besteht aus brauner Felsenwüste, es ist die Farbe, die man fast überall im Nahen und Mittleren Osten im Gedächtnis behält. Auf den ersten Blick fällt dem Betrachter die Ähnlichkeit mit Petra, der Felsenstadt in der jordanischen Wüste, ein; doch dann bemerkt er, dass das Ambiente doch wieder ganz anders ist.

Das beginnt schon mit der Einsamkeit. Zwar gibt es inzwischen auch schon Gruppenreisende, die sich – immer unter der Obhut eines einheimischen Führers – auf dem Gelände von Naghsch-e Rostam bewegen; doch mit der Touristen-Fülle Petras ist das nicht zu vergleichen. Naghsch-e Rostam kann man übersetzen mit „Bildnis“ oder „Darstellung“ Rostams, oder sogar im Plural: „Bildnisse“, auch „Zeichnungen“ Rostams. Mit Rostam, dem wichtigsten altpersischen Helden der Sage und des „Königsbuches“ von Ferdousî, haben die in den Fels gemeißelten Gräber und Reliefs natürlich nichts zu tun. Aber der traditionelle Bezug auf Rostam, der schon altehrwürdig überliefert ist, macht deutlich, dass man in islamischer Zeit, möglicherweise sogar schon ein wenig davor, gar nicht mehr wusste, um wen oder was es sich bei diesem Ensemble von Gräbern und Inschriften handelte. So musste der Recke Rostam die Erkenntnis-Lücke schließen. Rostam – sozusagen jung Siegfried auf persisch – ist ja so beliebt in Persien und allen umliegenden Landen, dass er bis heute sogar den nicht-persischen Muslimen als Namensgeber dient. Selbst in der osmanischen Türkei, die sich lange als Antagonist der schiitischen Perser wie der Safawiden verstand, wurde der Name Rostam den Knaben gegeben. In Istanbul erhebt sich eine kleinere, doch besonders schmucke Moschee, die Rüstem Pascha-Moschee heißt. Rüstem – das ist kein anderer als Rostam, der türkischen Lautung angepasst. Das Bauwerk stammt aus dem 16. Jahrhundert und wurde von dem Großwesir Rüstem Pascha errichtet, der auch der Schwiegersohn Sultan Süleymans des Prächtigen gewesen ist. Unter ihm erlebte das Osmanentum den Höhepunkt seiner Kultur.

In Wahrheit ist das Gelände von Naghsch-e Rostam ein steingewordenes Geschichtsbuch Irans, vor allem der vorislamischen Historie des Landes. Erst in den Zeiten der Moderne sind sich die Perser deren wieder bewusst geworden – nicht zuletzt befördert durch Forschungen europäischer Reisender und Archäologen, zu denen nicht wenige Deutsche, wie Ernst Herzfeld, gehörten.

Gewissermaßen in Reih und Glied, das heißt nebeneinander, sind vier Königsgräber in die Felswand gehauen, die dem Zahn der Zeit, der Verwitterung und dem Unverstand der Menschen viele Jahrhunderte lang, ja sogar zwei Jahrtausende widerstanden haben. Gleiches gilt für den größten Teil der sassanidischen Inschriften, die unter den Gräbern gleichfalls in den Fels gemeißelt wurden. Die Felsengräber sind in Gestalt eines viereckigen Kreuzes angelegt.

Das gesamte Ensemble ist so etwas wie ein Erinnerungsort an die Keimzelle und das Zentrum der persischen Kultur. Zentral ist das Felsengrab für den Großkönig Darius, Dareios I. So nannten die alten Griechen jenen Herrscher aus dem Hause der Achaimeniden (Hachamanisch), der im Altpersischen Darayawausch geheißen wurde. Der Großkönig und König der Könige (Schah-in-Schah) wird in dieser Darstellung, auf einem Sockel stehend, von Untertanen getragen, die offenkundig die 28 Völker repräsentieren, die im altpersischen Großreich dem Darius gehorchten. Eine dreisprachige Inschrift enthält eine Chronik der „res gestae" des Monarchen und darüber hinaus Aufzeichnungen der Prinzipien, nach denen er herrschen wollte. Insofern ist sie eine Art Magna Charta der Achaimeniden. Und sie zeigt seine Investitur, die dadurch erfolgt, dass der Gott ihm den Ring der Herrschaft überreicht. Der Gott ist wohl Ahura Mazda.

Natürlich wurde auch das persische Weltreich seit seiner Gründung durch Kyros den Großen nach seinem Sieg über den Meder-König Astyages mit eiserner Hand zusammengehalten, es wäre ja sonst alsbald wieder zerfallen; doch herrschte eine für die damalige Zeit recht ungewöhnliche Toleranz. Überhaupt muss der Besucher aus dem fernen Europa angesichts solcher steingewordenen Dokumente in seinem Geist manches korrigieren, was ihm in der Schule beigebracht und seither lieb geworden war: Dass die alten Griechen natürlich geneigt waren, die Großkönige wegen ihrer Feldzüge in ihr Land und nach Kleinasien hinein ziemlich zu dämonisieren. Das muss heute anders gesehen werden. Wie ja die vergangenen Jahrzehnte der Forschung auch gezeigt haben, dass vieles revidiert werden muss, was einmal gängiges Oberschulwissen gewesen ist.

Da dieses Grabkunstwerk auch die achaimenidische Königsresidenz von Persepolis abbildet, kann dieses Stück bearbeiteter Fels in der Tat als ein extrem verkürztes Geschichtsbuch gelesen werden.

Man taucht hier als Fremder in eine ganz andere Welt ein, als das in den großen Städten des Landes mit ihrer kostbaren, doch verspielten islamischen Architektur, vor allem dem Fliesen-Dekor der Fall ist. Hier spürt man Archaik, eine Art Erdhaftigkeit, die auch die Grabmale durchwest. Und das Schweigen der Welt ringsum lässt an die berühmten Türme des Schweigens denken, deren Reste man in den Wüsten Persiens allenthalben zu sehen bekommt. Zarathustras Anhänger legten auf ihnen die sterblichen Überreste der Toten ab und gaben sie den Geiern preis. Bis zum Einbruch des Islams folgten die alten Iraner ja den Lehren dieses ihres Propheten, der wohl noch vor dem Buddha lebte und über dessen Leben und Wirken noch so manche Unklarheit herrscht. Wo kam er her? Aus Nordwest-Iran oder aus Ost-Iran? Was genau war sein Stand? Sein Name ist übersetzt worden als „Besitzer vieler oder gelber Kamele“. Hat er mit dem Rinderkult zu tun, der bei den „Indoariern“ herrschte und bis heute in Indien noch den „heiligen Kühen“ gilt? Hat Zarathustra überhaupt gelebt? Denn die wissenschaftliche Aufklärung, die auch schon die Existenz von Jesus oder Buddha – zuletzt auch Mohammeds – bestritten hat, ebenso wie die des Moses, hat auch vor ihm nicht Halt gemacht. Es gibt eine Art von Hyperkritik, die jederzeit auch behaupten könnte, Platon habe niemals gelebt. Wer zeitgenössisches Dokumentenwesen als Beweis favorisiert, kann an fast allem zweifeln, was die alten Überlieferungen angeht. Auch Shakespeare soll die unter seinem Namen gedruckten Dramen neuerdings nicht selbst geschrieben haben.

Jedenfalls erhebt sich unweit des Dareios-Felsengrabes und der drei anderen Grabstätten ein Turm, der Ka'be-ye Zardoschtî genannt wird – der Würfel des Zarathustra. Da wird Altiranisches mit Islamischem vermischt, die Kaaba zu Mekka und die Gestalt des altiranischen Propheten. Auch an den drei anderen Gräbern kann man persische Geschichte ablesen, denn sie gehören dem Xerxes I., Artaxerxes I. und Dareios II. So ist Naghsch-e Rostam durchaus eine Nekropole der Achaimeniden, deren Herrschaft erst durch Alexander den Großen ein Ende fand – nach fast dreihundert Jahren einer durchaus ruhmreichen Periode. Dass auch Nachfolger dieser Dynastie den Platz zu schätzen wussten, zeigen jene acht großen Reliefs, die unterhalb der altiranischen Felsengräber liegen und der sassanidischen Dynastie zugehören. Dies mitteliranische Herrscherhaus war die letzte Dynastie vor der islamischen Eroberung des Landes. Im Unterschied zu den Parthern oder Arsakiden, deren Regentschaft unmittelbar auf die hellenistische Epoche folgte, knüpften die Könige des Hauses Sassân bewusst an die Achaimeniden an, was zu ihrer „Verewigung" in Naghsch-e Rostam führte. Hatten sich die Parther ewig mit den Römern herumzuschlagen, so mussten die Sassaniden sich mit den Byzantinern auseinandersetzen, und am Ende dann mit den Arabern. Eine ähnlich tragische Figur, wie Dareios III., der nach den Niederlagen von Issos, Gaugamela und Ekbatana Alexander unterlag, wurde der Sassanide Yezdegerd III., der den muslimischen Eroberern weichen musste. Der arabische Feldherr Saad Ibn Abî Waqqâs besiegte seine Truppen im Irak und eroberte seine Hauptstadt.

Zentrum der Sassaniden, die so bedeutende Herrscher wie Ardaschir I. und Schahpur I. hervorbrachten, war der Irak, das Zweistromland, wo sie Ktesiphon zur Hauptstadt ausbauten. Tâq-e Kesrâ, Halle des Chosrau, nannte man die Stadt und Residenz auf Persisch, benannt nach dem König Chosrau Parvêz. Wenig weiß Europa von deren Kultur.

Waren schon die Achaimeniden den Lehren Zarathustras gefolgt, so verfestigte sich der Glaube, dessen Grundprinzipien in den Gathas und dem Zend-Avesta niedergelegt worden waren, unter den mittelpersischen Dynastien. Die Religion wurde stark institutionalisiert, die Mobedân oder Priester verknöcherten endgültig zu einer Kaste, die fast allbeherrschend wurde. Im 3. nachchristlichen Jahrhundert schuf der Perser Mani oder Manes eine neue Religion, die die Lichtlehren Zarathustras aufgriff und zuspitzte und sich nach dem Märtyrertod ihres Propheten umso rascher ausbreitete. Der Manichäismus wurde zeitweise sogar zu einem Bekenntnis, das sich bis tief nach Mittelasien hinein ausbreitete, bis in die Oasen-Landschaften von Turfan, wo türkische Stämme wie die Uiguren, bevor sie Muslime wurden, diesen Glauben annahmen.

Mani verschärfte den Dualismus der alten Iraner in gnostischer Weise. Die Schöpfung stammt eher von einem Demiurgen als von einem guten Gott, wie der zarathustrische Ahura Mazda es war. Die materielle Welt ist Resultat eines kosmischen „Sündenfalles", denn sonst wäre sie nicht so schlecht, wie sie sich darbietet. Man muss sie überwinden, durch Askese und ethisches Leben, um in der Seele möglichst viele Lichtpartikel zu sammeln. Die braucht man, kurz gesagt, um im Kampf gegen die Finsternis und für den guten Gott zu bestehen. Gott ist reines Licht und das reine Gute. Wer darin am weitesten fortschreitet, gehört zu den electi, den Auserwählten und Erleuchteten, welche die Chance haben, sich selbst zu erlösen, denn sie sind die Erkennenden, welche die gnostische Weisheit verwirklichen. Licht und Finsternis, Gut und Böse, Wahr und Falsch – das sind die Antithesen, welche das religiöse Denken und Empfinden der Perser in der Gestalt Zarathustras und Manis in konstitutiver Art und Weise in die Religionsgeschichte eingeführt haben – ähnlich wie die Propheten und Autoren des Alten Testaments, nur krasser.

Es ist ein ewiges Thema geworden, wem der Primat gehört; doch die Perser sind auf jeden Fall ganz vorne dabei. Und die „Lichtmetaphysik" und die „Lichtmetaphern" – wir haben das bereits bei den Theosophen von Isfahan gesehen – begleiten ihr Denken bis heute. Bis hinein in die Architektur.

Man kann das Gelände von Naghsch-e Rostam nicht durchstreifen, ohne solche Gedanken zu hegen, ja, von ihnen geradezu heimgesucht zu werden.

In den Tagen der Sassaniden pflegten die Perser indessen auch die Wissenschaften, nicht nur die Theologie. So errang in der Spätantike die „Schule von Gondeschâhpûr" in der damaligen Welt einen Ruf und Ruhm wie Donnerhall. Vor allem in der Medizin trug sie das Wissen der griechischen und römischen Antike weiter und vertiefte es. Eine wahre Dynastie von Ärzten wurde die persische Familie der Buchtischû (auch Bakhtischû geschrieben), die in Gondeschâhpûr wirkte und nicht wenig beitrug zur Entwicklung der später sogenannten arabischen Medizin mit ihrem Weltruf, der bis weit in die frühe Neuzeit Europas hineinhallte. Wir dürfen nicht vergessen: Zwar wurden die meisten der medizinischen Traktate im Islam auf Arabisch abgefasst, der heiligen Sprache der gesamten Kultur, doch waren ihre Autoren, etwa Avicenna, Rhazes (Abû Bakr al-Râzî) Perser, jedenfalls im Maschreq, der östlichen Hemisphäre des Islam; im Maghreb hingegen waren sie oft Berber („Mauren"), wie der berühmte Avenzoar oder Ibn Zuhr.

Ein Jünger Zarathustras, der seiner Predigt freilich eine ganz andere Wendung gab, hätte sich hier, inmitten dieser einsamen Mondlandschaft, auch wohlgefühlt. Denn auch er, Friedrich Nietzsche, gewissermaßen einer meiner Lieblings-Atheisten (neben Albert Camus und Arthur Schopenhauer), war ein Freund der Wüste, der „hohen Berge", der einsamen und ausgesetzten Landschaften. Als er beim Wandern im Oberengadin an einem Felsen bei Surlej Halt machte, überfiel ihn seine ganz spezielle „zarathustrische" Botschaft und er dichtete:

Hier saß ich, wartend, wartend – doch auf Nichts,
jenseits von Gut und Böse, bald des Lichts
genießend, bald des Schattens, ganz nur Spiel,
ganz See, ganz Mittag, ganz Zeit ohne Ziel.
Da, plötzlich, Freundin, wurde Eins zu Zwei –
und Zarathustra ging an mir vorbei …

Es gibt kaum einen persischen Intellektuellen unserer Zeit, der sich nicht irgendwann einmal mit Nietzsche und seiner Anverwandlung und Umdeutung des altiranischen Propheten beschäftigt hätte.

*

Alter Wein in neuen Schläuchen

Die Religion Bahâ'ollâhs

Mit der Religion der Bahai (Bahâ'i) wurde ich zum ersten Mal vor vielen Jahrzehnten bekannt, als ich das Buch „Die Perser“ von Alessandro Bausani las. Der bekannte italienische Orientalist und Iranist gab in diesem bei Kohlhammer auf Deutsch erschienenen Bändchen einen gerafften Überblick über die iranisch/persische Geschichte von ihren bisweilen noch dunklen Anfängen bis in die Moderne. Dabei kamen auch die Bahai zur Sprache, und ich erfuhr, dass Professor Bausani selbst dieser Religionsgemeinschaft angehörte.

Die Sache schien mir reichlich exotisch zu sein. Ich hatte zuvor weder von dem Bâb noch von Bahâ'ollâh noch von den Bahai insgesamt etwas gehört. Im Jahre 1978 reiste ich zum ersten Mal als Journalist nach Iran, in der Abenddämmerung des Schah-Regimes. Im Jahr darauf wurde nach dem triumphalen Einzug Ajatollâh Chomeinîs in Teheran die Islamische Republik Iran etabliert – mit der weitgehenden Zustimmung des größten Teils der Bevölkerung. Es gab Prozesse, Hinrichtungen und „Säuberungen“. Zu den Hingerichteten gehörte auch Amîr Abbâs Howeidâ, ein langjähriger Minister und Vertrauter des Schahs Rezâ Pahlawî, von dem es hieß, er sei ein Bahai gewesen. Der Mann war ein besonderes Hassobjekt der Opposition.

Im Zusammenhang mit der Berichterstattung über diese turbulenten Ereignisse lernten wir einige in unserer Region lebende Bahai kennen, persische Einwanderer, die schon viele Jahrzehnte in Deutschland lebten und in der hiesigen Bahai-Gemeinde wichtige Funktionen ausübten und teilweise hohes Ansehen genossen. Inzwischen hatte ich Esslemonts Standardwerk über diese Religion gelesen, die mittlerweile schon beinahe zweihundert Jahre alt ist, doch in Deutschland noch weitgehend unbekannt. Die deutsche Bahai-Gemeinde umfasst etwa 7000 Menschen, viele von ihnen sind Iraner, doch auch Deutsche, die ihre Kirchen verlassen haben, sind darunter. Ohne Jesus aufzugeben, streben sie doch nach einer religiösen Neuorientierung, wie übrigens auch die persischen Bahai keineswegs mit Mohammed, dem islamischen Propheten, gebrochen haben. Dies unterstellen ihnen nur die Mullahs, die qua ihrer Dogmatik nicht in der Lage sind, die Beweggründe jener Muslime zu begreifen, die diese zur Konversion veranlasst haben, und den Gehalt des neuen Glaubens zu begreifen.

An sich ist das nicht so schwer, wie es den Anschein hat, trotz der zahlreichen, bisweilen schwierigen Veröffentlichungen, die von Bahai-Autoren und Orientalisten inzwischen vorgelegt worden sind.

Im Grunde genügen zwei Kernsätze:

Die islamische Dogmatik lehrt, dass der Prophet Mohammed das „Siegel der Propheten" ist (châtim al-anbijâ'), der Koran demnach die letzte der monotheistischen Offenbarungen und der Islam deshalb die letzte, abschließende monotheistische Religion. Danach kann es keine andere mehr geben.

Doch genau dies glauben die Bahai. Nach etwa tausend Jahren hat ihr Glaube den Islam abgelöst, wie auch das Christentum und das Judentum, ohne dass man diese „Vorgänger"-Monotheismen für abrogiert erklären würde. Die Formel lautet vielmehr: Alter Wein in neuen Schläuchen. Der Glaube an den einen Gott, Schöpfer Himmels und der Erde, offenbart sich sozusagen zyklisch in seinen Propheten – und entsprechend den jeweiligen Zeitläufen. Alles hat seine Zeit: Zarathustra, Moses, Jesus, Buddha und Mohammed. Nun ist die Zeit Bahâ'ollâhs angebrochen, ein neuer Äon. Etwas vereinfacht ausgedrückt: Wie das Christentum und sein Neues Testament aus dem Judentum und dem Alten Testament hervorgegangen ist, so der Koran und der Islam aus Judentum und Christentum, aus Tora (Tewrat) und Evangelium (Indschîl). Nun also der Bahai-Glaube aus dem Koran und den übrigen heiligen Schriften zuvor. Die Botschaft ist unverändert, die Lehren aller Propheten sind im Hegelschen Sinne aufgehoben (enthalten), allein die Form und die Umstände sind andere.

Die schiitischen Mullahs und der Islam insgesamt empfinden das bis heute als Kriegserklärung. Das Judentum erkennt bis heute nicht an, dass Christen in Jesus den Messias verehren. Christlicher Anti-Judaismus sah in den Juden die „Christus-Mörder", woraus ein Antisemitismus wurde, der später auch weltliche, rassistische Elemente aufnahm. Und im Islam, insbesondere in Persien wurden und werden die Bahai bis heute in übelster Weise diskriminiert und teilweise brutal verfolgt. Wir stoßen hier auf den Kern der monotheistischen

Problematik: den Ausschließlichkeitsanspruch des jeweiligen Monotheismus, der auch durch die besänftigende Formel von der Gemeinsamkeit der abrahamitischen Religionen nicht aus der Welt geschafft werden kann.

Zwei Lösungen sind denkbar, wobei die erste keine wirkliche Lösung ist: die völlige Gleichgültigkeit gegenüber Religionen und dem Religiösen, wie sie sich im Westen immer stärker breitmacht. Ihr sind all diese Dinge in ihrer Widersprüchlichkeit und „Unbeweisbarkeit" egal. Was zählt, sind wissenschaftliche Fakten sowie gesellschaftliches engeneering im Sinne von Soziologie und Psychologie. Fragen nach dem Ganzen, nach dem Sinn des Ganzen wie des Einzelnen, sind nach dieser Auffassung sinnlos und zudem nicht zu beantworten.

Die zweite Lösung ist die philosophia perennis, zu der der Bahai-Glaube durchaus beitragen kann: Es ist die Vorstellung, dass die „religiöse, spirituelle Wahrheit" (nicht die wissenschaftliche) als Sinnfindung schon immer existiert und alle bisherigen menschlichen Gemeinschaften und Kulturen geprägt hat, mochte auch deren Ausformung im Einzelnen noch so verschieden, zeitbedingt gewesen sein. Abhängig von zahllosen Faktoren menschlicher wie naturhafter Art. Die philosophia perennis lehrt die innere Einheit aller Religionen, wie das auch die Mystiker tun, aber gleichwohl darauf beharren, dass man dies auf tolerante Weise in den Kontexten des je eigenen Glaubens tun kann. Es geht nicht darum, die Eigenheiten der einzelnen Religionen einzuebnen, sondern ihre gemeinsame spirituelle Substanz weiterzutragen und zu festigen.

Während der Islam weitgehend mit Ablehnung auf die Bahai reagiert, ist das Echo im christlichen/säkularisierten Westen differenzierter, zumal in den westlichen Ländern die Religionsfreiheit gewährleistet ist. Es reicht von Wohlwollen bis zu dem „Vorwurf" des Synkretismus, der wohl damit zu tun hat, dass die Bahai – etwa in ihren Andachten – die anderen Religionen gerade nicht ausgrenzen, sondern auch deren heilige Texte ernst nehmen und einbeziehen. Man kann dies eben als Beitrag zur „ewigen Philosophie" sehen, die außer den Religionen auch alle metaphysischen Denksysteme umfasst, die Welt und Mensch sowie alle anderen Wesen als etwas Heiliges ansehen, als etwas, das sich nicht allein im bloßen Vorhandensein erschöpft, sodass es auch nicht sein könnte, sondern ein Wesen (quidditas) und einen Sinn hat, auch wenn wir nicht in der Lage sind, diesen Sinn ein für alle Mal und definitiv in Formeln festzumachen.

Die Bahai-Religion ist aus dem schiitischen Islam heraus entstanden. Ihre drei Gründer-Gestalten sind Seyyed Alî Mohammad (1819–1850), Mîrzâ Hossein Alî (1817–1892) und Abdol Bahâ (1844–1921), der älteste Sohn Hossein Alis. Ali Mohammad gilt als der „Bâb" – ein arabisches Wort, das „Tor" oder „Pforte" bedeutet, Hossein Ali ist Bahâ'ollâh („Herrlichkeit oder Glanz Gottes") und gilt als der eigentliche Stifter des Glaubens, während Abdol Bahâ („Diener der Herrlichkeit") vor allem auch als Verbreiter der Bahai-Lehre aufgetreten ist. In unserer Zeit wird die inzwischen nach Millionen zählende Gemeinde vom Universalen Haus der Gerechtigkeit mit Sitz in Haifa in Israel geführt.

Die Anfänge dieser neuen Weltreligion führen hinein in den Kosmos der schiitisch-islamischen Eschatologie. Die auch dem sunnitischen Islam vertraute Vorstellung eines Mahdî, eines endzeitlichen rechtgeleiteten Erlösers, ist bei den Schiiten eng mit ihrer Imam-Lehre verwoben. Zurückgehend auf Alî Ibn Abi Tâlib, den Vetter des Propheten Mohammed, verehren sie insgesamt zwölf Imame oder leibliche Nachfahren Alîs, deren letzter im 9. Jahrhundert in die Verborgenheit (ghaiba) entrückt wurde. Man kann darunter so etwas verstehen wie einen Zustand zwischen Diesseits und Transzendenz, denn der verborgene Imam wirkt nach wie vor in die Welt hinein, wenn er auch den Gläubigen nicht sichtbar ist. Am Ende der Zeiten wird er aus der Verborgenheit in seine irdische Existenz zurückkehren und als „Herr der Zeit" (sâheb-e zamân) und Paraklet ein Reich der Gerechtigkeit errichten, bevor Jesus wiederkehrt und das Jüngste Gericht naht. Die Lehre von den Märtyrer-Imamen und der Wiederkehr des letzten Imams bildet ein Kernstück der schiitischen Konfession, wie auch für deren „Varianten", den Siebener- und Fünfer-Schiismus. Wir haben diese endzeitlichen Vorstellungen schon im Kapitel über die islamische Revolution kennengelernt.

In einer Zeit des Verfalls der persischen Herrschaft und Gesellschaft erstand den Schiiten an der Wende vom 18. Zum 19. Jahrhundert mit dem Scheich Ahmad al-Ahsâ'î ein charismatischer Prediger, der verkündete, die Endzeit sei nahe. Diese Bewegung der Scheichis wirkte in eine apokalyptische Stimmung hinein, wie sie diese umgekehrt auch beförderte. Die Stimmung unter den Schiiten Ost-Arabiens, des Irak und in Iran muss derjenigen unmittelbar vor der islamischen Revolution von 1978/79 geglichen haben; sie war jedoch noch intensiver und von einem eher vormodernen Denken und religiösen Empfinden geprägt.

Im Jahre 1844 gab sich der in Schirâz (Schiras) geborene junge Kaufmann Ali Mohammad als der Paraklet und Qâ'em zu erkennen – als Träger einer eigenständigen Offenbarung, wie zuvor Moses, Jesus und Mohammed. In Wort und Schrift bekräftige er den monotheistischen Glauben, der in allen Religionen ein und derselbe sei. Er selbst sei jedoch nur der Vorläufer eines „Größeren", den Gott noch offenbar machen werde – man yazhuruhu Allâhu. Er selbst wurde bald das „Tor" für diesen Größeren genannt. Nicht nur der reformistisch gehaltene Inhalt der Predigt des Bâb, sondern auch seine religiöse Ausstrahlung und sein jugendlicher Eifer müssen die Menschen überwältigt haben, denn die Anzahl seiner Anhänger wuchs unaufhörlich. Hier war der lebendige Geist der Religion zu spüren, ein Appell auch, endlich zum Kern des Glaubens vorzustoßen. Eschatologie, Reformdenken und Mystik gingen eine Symbiose ein. Der „Bab" lehnte dogmatische Verhärtungen in der Theologie ab, die zur Dekadenz geführt hatten, und warb für die Gleichberechtigung von Mann und Frau. Die Gesellschaft müsse aus dem Geist der Religion erneuert werden, unter anderem auch, um mit der modernen Welt Schritt zu halten. Die Massen strömten dem Prediger zu, während die Mullahs und die Staatsmacht ihn mit Misstrauen beobachteten. Ein opportunistischer Anpasser freilich war der Bâb nicht, es ging ihm nicht darum, den Westen nachzuäffen, wie ihm manche Mullahs bis heute unterstellen, und den Glauben zu zerstören.

Je mehr Anhänger er junge Charismatiker um sich versammelte, desto mehr hetzten die schiitischen Dogmatiker gegen ihn, und die Behörden begannen mit systematischen Verfolgungen von dessen Anhängern. Man fürchtete, die religiös in Bewegung geratene geistige Landschaft Persiens könne zu politischen Unruhen, in letzter Konsequenz zum Umsturz führen. Diese Furcht war in einer verknöcherten, versteinerten Monarchie nicht unbegründet, zumal sich immer mehr Anhänger des Bâb bereitfanden, sich für seine Vorstellungen aufzuopfern. Schließlich wurde der Bâb in der Stadt Mâkû gefangengenommen und 1850 in Täbris (Tabrîz) hingerichtet. Dieser grausame Akt führte indessen dazu, dass die Bâbis, wie man seine Anhänger treffend nannte, nur noch enger zusammenrückten, ja, seine Lehren wurden noch populärer.

Die heutigen Bahai sehen im Wirken des Bâb und im Bâbismus eine eigenständige Religion, einen Vorläufer ihrer eigenen. Seine zahlreichen Schriften, allen voran der Persische Bayân, werden bis heute herausgegeben und studiert. Damals sah es hingegen eher so aus, als handele es sich um eine reformistische, gar revolutionäre Lehre innerhalb des schiitischen Islams. Weitgehende Entklerikalisierung, Gleichberechtigung der Frau, Freiheit im religiösen Bekenntnis, geistig-seelische Vertiefung des Glaubens anstelle bloßer Gesetzesförmigkeit, weitgehende Abkehr vom politischen Machtanspruch der Religion – dies alles waren ungeheuer neue Ideen für das Land der Rosen und der Nachtigallen, die den Bâbis auch im Ausland Sympathien und Interesse einbrachten. Einige europäische Orientalisten begannen, sich für diese Reformbewegung zu interessieren. Die qâdschârische Dynastie fasste sie als tödliche Bedrohung auf. Unter den Vorgängern der Qâdschâren, den Safawiden, war Iran aufgrund des engen Schulterschlusses zwischen der Zwölfer-Schia, ihren Religionsgelehrten und den Safawiden-Herrschern groß geworden. In den Jahren nach der Hinrichtung des Bâb wurden mindestens 20 000 Bâbis exekutiert oder schlicht in Wellen der Verfolgung ermordet. Das Attentat eines geistig verwirrten Bâbi auf den Schah Nâser od-Dîn diente zusätzlich als Vorwand für die brutalen Verfolgungen, die sich bis in das 20. Jahrhundert hinein fortsetzten.

Der Bâb wird im Verhältnis zu Bahâ'ollâh und der Bahai-Religion ungefähr so gesehen wie Johannes der Täufer zu Jesus Christus und dem Christentum von den Christen. Doch wer sollte dem Bâb nachfolgen? Für die Bahai ist die Frage erledigt, seitdem sich Mirzâ Hossein Alî, ein persischer Adliger, im Jahre 1863 endgültig unter dem Namen „Herrlichkeit oder Glanz Gottes" (Bahâ'ollâh) zu demjenigen erklärt hatte, dessen Kommen der Bâb prophezeit hatte. Der Stifter (die Bahai reden lieber von Offenbarer) der neuen Religion war ein persischer Edelmann, der sich – anders als viele andere Angehörige der Führungsschicht – schon früh sozialen Aufgaben gewidmet hatte. Bereits 1844 war er zum Anhänger des Bâb geworden und hatte allerhand Unbill ertragen müssen. 1852 hatte man ihn in Teheran in den Kerker geworfen. Gerade dort jedoch nahm seine religiöse Berufung Gestalt an. Nach seiner Freilassung verwies der Schah ihn und die ihm anhängenden Bâbis in den Irak, nach Bagdad, wo sich die Gemeinde neuerlich zu etablieren begann. Bald bemerkte man in Teheran, dass dieser Exilort noch zu nahe an Persien lag, die Gefahr damit noch nicht gebannt war. Der Sultan zu Konstantinopel, Abdulaziz, beschloss daher, Bahâ'ollâh und seine Leute vom Irak nach Edirne westlich von Konstantinopel zu „transferieren", wo er besser kontrolliert werden und dem Schah der Perser weniger gefährlich werden konnte. Kurz vor der „Abreise" 1863 gab sich Bahâ'ollâh in Bagdad offiziell und endgültig als der neue Offenbarer und Nachfolger, den der Bâb verheißen hatte, zu erkennen.

Eine merkwürdige Laune der Geschichte ist darin zu sehen, dass exakt hundert Jahre später, 1963, der persische Schah Rezâ Pahlawî, wie wir schon sahen, den aufmüpfigen Religionsführer Ajatollâh Ruhollâh Chomeinî in den Irak auswies, um ihn los zu sein. Als sich zeigte, dass er dort noch zu nahe war, um seine Propaganda zu unterbinden, und der Schah sich mit dem irakischen Führer Saddam Hussein zusammentat, wurde Chomeinî nach Paris ins Exil geschickt. Im Unterschied zu Chomeinî allerdings, der wenig später nach dem Sturz des Schah nach Persien zurückkehrte, hat Bahâ'ollâh persischen Boden niemals mehr betreten können. Schließlich wurde er sogar noch weiter weg, nach Akkon in Palästina verbannt, wo er 1892 starb.

Die Nachfolge-Frage ging übrigens, eine Parallele zu anderen Religionen, nicht ganz ohne Schwierigkeiten vonstatten. Es ist ein Kapitel, über das manche Bahai nicht gerne reden wollen. Hier ist eine Ähnlichkeit mit dem Islam gegeben, wo nach dem Tode Mohammeds auch verschiedene Parteien auftraten, welche die Nachfolge (das Kalifat) Mohammeds beanspruchten. Die Entstehung des Schiitentums war ja an die Behauptung geknüpft, der Propheten-Vetter Alî sei der einzig legitime Nachfolger Mohammeds, während die Sunniten seinen Schwiegervater Abû Bakr zum Kalifen wählten. Danach bestimmten Auseinandersetzungen um diese Frage lange Zeit die Geschichte des Islam, auch unter den Persern. Die Sache ist so interessant, dass sogar westliche Orientalisten sich damit immer wieder beschäftigt haben, denn es ist selten, dass Religionen ohne ein Schisma auskommen. Vor allem der englische Iranist Edward Granville Browne befasste sich damit.

Browne, der seine Persien-Erfahrungen in einem Standardwerk „A year amongst the Persians" niedergeschrieben hat, besuchte im Jahre 1890 Bahâ'ollâh in seinem Exil in Bahji bei Akkon in Palästina und führte vier ausführliche Unterredungen mit ihm. Folgt man seiner Beschreibung, so muss der Offenbarer der Bahai-Religion einen überwältigenden, unauslöschlichen Eindruck auf ihn gemacht haben. Trotzdem nahm er in späteren Jahren enge Kontakte mit den Azalî auf, jener Gruppe von Gläubigen, die nicht Bahâ'ollâh gefolgt waren, sondern dessen jüngerem Halbbruder Sobh-e azal („Morgen der Ewigkeit"), der sich ebenfalls zum Nachfolger des Bâb erklärt hatte. Die Geschichte dieses Schismas, dieser Auseinandersetzung um die Führungsfrage ist eine Angelegenheit für sich, in die schwer endgültige Klarheit zu bringen ist. Jedenfalls setzten sich die Anhänger Bahâ'ollâhs durch, sodass dieser den Bahai als der wahre Offenbarer ihrer Religion gilt. Doch die kleine Gemeinde der Azali existiert noch immer.

Nach dem Tod des Offenbarers übernahm sein Sohn Abdol Bahâ die Gemeinde, ein Mann von ebenfalls besonderem Charisma, der vor allem als so etwas wie ein „Apostel" oder „Evangelist" der neuen Religion hervortrat. Er predigte in Wort und Schrift – wie zuvor auch der Bâb und Bahâ'ollâh. Und er reiste viel. Im hohen Alter unternahm er, wenn man so will, Missionsreisen nach Europa und Amerika wie der heilige Paulus, um die neu entstandenen Bahai-Gemeinden dort zu ermuntern und zu festigen. Auch die wenigen deutschen Bahai verdanken ihm viel, denn seine Visite 1913 festigte die Gemeinden in Esslingen und Stuttgart. Es muss ein ziemlich exotischer Anblick für die Schwaben gewesen sein, als ein in eine lange Abaya gekleideter und mit einem weißen Turban versehener persischer Greis im zentralen Hotel Marquardt (es existiert noch heute) abstieg. Nach Abdol Bahâs Tod 1921 übernahm ein anderer Verwandter, Shogi Effendi, die Leitung, bevor sie endgültig in die Hände des Universalen Hauses der Gerechtigkeit in Haifa überging. Dort hat auch das für alle verbindliche „Lehramt", wenn man es denn so nennen will, der Bahai seinen Sitz, und die Begründer des Glaubens ruhen alle in palästinensischer, heute staatsrechtlich israelischer Erde, in Haifa und in Akkon.

Vor Jahren besuchte ich mit meiner Familie Haifa. Ohne Übertreibung kann man sagen, dass die in einer terrassenförmig angelegten Gartenanlage gelegene Grabesstätte des Bâb mit ihren wundervollen Gärten die Stadt beherrscht. Weit überragt die beeindruckende Kuppel die Stadt und die Bucht. Die letzte Bleibe und Ruhestätte Bahâ'ollâhs in Akkon, im Garten von Bahji, wirkt hingegen relativ bescheiden. Es versteht sich, dass beide Stätten, in Israel gelegen, heute Pilgerorte für die Bahai-Weltgemeinde geworden sind. Dies freilich bereitet ihnen nicht geringe Schwierigkeiten mit der Islamischen Republik

Iran. Die Bahai zählen heute auf der ganzen Welt nach Millionen, doch dass niemand genau weiß, wie viele es von ihnen im Ursprungsland Iran/Persien gibt, spricht Bände. Sind es eine Million, sind es nur 300 000? Man weiß es nicht, denn die Dunkelziffer gründet auf der unablässigen Verfolgung dieser Religionsgemeinschaft im Lande ihrer Herkunft. Die Verfolgung durch die Qâdschâren fand auch im 20. Jahrhundert ihre Fortsetzung – entweder durch bestimmte Mullahs oder durch den Staat. Und dies, obwohl die Nichteinmischung in die Tagespolitik zu den wichtigsten Lehren dieser Religion gehört. Unter den beiden Pahlawî-Kaisern, Rezâ und Mohammad Rezâ (1926–1979), nahm die Intensität der Verfolgung ab, hörte jedoch keineswegs auf. Zwar wurde der Einfluss der Mullahs zurückgedrängt, doch der neu entstehende iranische Nationalismus war eine Ideologie, die auch nicht zur völkerverbindenden Lehre der Bahai – Einheit der Menschheit in Vielfalt – passte. Bahai wurden nach wie vor von Fantikern diskriminiert, verfolgt, etliche ihrer heiligen Stätten zerstört, wobei mancher Mullah selbst mit der Spitzhacke Hand anlegte. In den vierziger Jahren gründete eine Gruppe schiitischer Theologen die Bewegung der Hodschatijeh. Deren ausgemachtes Ziel ist die Bekämpfung der Bahai-Religion.

Nach der Machtergreifung der Mullahs im Jahre 1979 verschärfte sich die Verfolgung der Bahai wieder drastisch. Wie auch schiitische oder linke Oppositionelle wurden sie in die Gefängnisse geworfen, der aus neun Personen bestehende Nationale Geistige Rat der Bahai verboten, die Vertreter hingerichtet. Bekannte, ja berühmte Gelehrte, wie der Mediziner Manutschehr Hakîm, gehörten zu den Opfern dieser Raserei. Die Revolution machte nicht nur Jagd auf ehemalige Anhänger, die abtrünnig geworden waren, und Mitstreiter, sondern erst recht auf jene, die von den herrschenden Mullahs ohnehin als Feinde angesehen wurden.

Heute sind die Bahai in Iran nach wie vor Diskriminierungen und Schikanen ausgesetzt, vor allem an den Universitäten und im Bildungswesen überhaupt. Ihre Pilgerreisen zum Schrein des Bâb in Haifa oder nach Bahji bei Akkon, um Bahâ'ollâhs zu gedenken, können jederzeit zum Vorwand für Spionage-Anklagen genommen werden. Es heißt dann, sie stünden im Dienst Israels, eines Staates, den die Mullahs – so jedenfalls ihre Verfassung – am liebsten vernichten würden. Dies alles ist reiner Unsinn und bloße Schikane, denn dass die Bahai-Heiligtümer im heutigen Israel liegen, ist politischen und historischen Aktionen und Verhältnissen geschuldet, die sie nicht zu verantworten oder herbeigeführt haben, ganz im Gegenteil. Bisweilen werden die Bahai auch beschuldigt, ihr Glaube sei in einem Kontext mit dem russischen, respektive englischen Kolonialismus entstanden, was ebenso haltlos ist wie die vorigen Vorwürfe.

Im Laufe der vergangenen Jahrzehnte sind die heiligen Schriften der Bahai auch in westliche und viele andere Sprachen übersetzt worden. Als konstitutiv gelten der Bayân des Bâb und von Bahâ'ollâh das „Das heiligste Buch" (Ketâb-e aqdas) sowie das „Das Buch der Gewissheit" (Ketâb-e yaqîn) und der umfangreiche „Brief an den Sohn des Wolfs" (Lauh-e Ebn-e Dhe'b) und verschiedene andere „Tablets". Der „Brief an den Sohn des Wolfs" ist erst vor Kurzem von Armin Eschraghi, einem Bahai, der an der Theologischen Hochschule Sankt Georgen in Frankfurt am Main Arabisch unterrichtet, ins Deutsche übertragen und kommentiert worden.

Natürlich sind die Originalschriften der Offenbarer in Arabisch, teilweise auch Persisch gehalten, und die Originaldrucke der Bücher ähneln in ihrem Schriftbild sowie der grafischen Gestaltung islamischen Schriften, den Koran eingeschlossen. Dies gilt für die hohe Kunst der Kalligraphie ebenso wie für buchmalerische Elemente. Darüber hinaus vertreibt der Bahai-Verlag in Hofheim-Langenhain bei Frankfurt jede Menge Literatur sachlicher wie persönlich-bekenntnishafter Art, mit deren Hilfe man sich über diesen in Persien entstandenen Glauben orientieren kann. Vor allem jenen Menschen, die nicht aus dem Orient stammen, ist deren Lektüre zu empfehlen, denn die Originalschriften behielten auch im Deutschen natürlich ihren persisch-arabisch-orientalischen Duktus bei. Es ist eine blumige, metaphorische, orientalisch-bildhafte Sprache, die dem heutigen, modernen Leser zutiefst fremd geworden ist und die er zumeist für schlechte Poesie hält. Insofern wären Neuübersetzungen, die Neuübertragungen sein müssten, dringend notwendig.

Riten, Lebensformen, Theologie und Ethik der Bahai unterscheiden sich in vielem vom Islam. Schon deshalb ist es gerechtfertigt, diesen Glauben – was inzwischen auch viele Religionswissenschaftler tun – als eigenständige Weltreligion einzustufen. In Langenhain befindet sich im Übrigen der zentrale, für ganz Europa gedachte „Tempel" der Bahai. Auch alle übrigen Kontinente sind mit einem Haus der Andacht geschmückt worden, auch architektonisch beeindruckenden Bauten.

Dort finden keine Gottesdienste im üblichen Sinne statt, denn es gibt bei den Bahai beispielweise keine Priester. Eine Hierarchie ist unbekannt. Die Andachten kann jeder Gläubige mitbestreiten. Und sie können auch in jedem x-beliebigen Wohnraum stattfinden. Nicht nur Bahai-Texte werden gelesen, sondern auch Texte aus anderen Religionen, sogar buddhistische und hinduistische, nicht nur auf den Monotheismus festgelegte. Die Bahai haben einen eigenen Kalender, eigene Feste, ihre Institutionen, wie die jeweiligen Nationalen oder Lokalen Geistigen Räte, werden demokratisch besetzt. Darüber hinaus gilt die Devise, dass jeder Gläubige jenseits der eigenen Glaubenssätze nach der Wahrheit forschen soll, als Wissenschaftler, Laie oder einfacher Gläubiger. Im Gedanken daran, dass Religionen früher (und zuweilen auch noch heute) einen Gegensatz zwischen ihren Überzeugungen – insbesondere dem Gottesglauben – und der Wissenschaft setzten, darf der Glaube die Wissenschaft weder behindern noch ablehnen; doch auseinandersetzen mit der Wissenschaft muss man sich schon. Ich persönlich kenne einige Wissenschaftler in der deutschen Bahai-Gemeinde, und ich habe noch keinen deutschen oder iranischen Bahai kennengelernt, der nicht von überdurchschnittlicher Intelligenz und außergewöhnlichem Wissen gewesen wäre. Vor allem Mediziner, Seelenkundler und Physiker sind unter ihnen. Ehemalige Wissenschaftler am Genfer CERN etwa oder Psychologen und Psychiater, wie Nossrat Pezeschkian, der in Wiesbaden ein Institut für positive Psychologie gründete, das heute, nach seinem Tod 2010, von der Familie weitergeführt wird. Pezeschkian, ein Tiefenpsychologe, hätte sich sehr gut mit C. G. Jung verstanden, dem es gelang, die Psychologie mit religiösen und anderen Weisheitslehren der Vergangenheit, mit der philosophia perennis, in seiner Vorstellung von den Archetypen zu verbinden. Aus dem reichen Schatz der persischen Mythologie, der persischen Sagen und Märchen sowie der klassischen Dichtung schuf er seine positive Seelenheilkunst, um geplagten Menschen unserer Zeit zu helfen. In seine Bücher floss der Bahai-Glaube ein, wie er umgekehrt auch den Bahai-Monotheismus auf der Grundlage persischer Dichtungen und Legenden erläuterte.

Viele von diesen Wissenschaftlern sind in internationalen, dem Wohl der Menschheit verpflichteten Organisationen tätig. Die Einheit der Menschen bei aller Verschiedenheit in Frieden und Freiheit ist das Ziel.

Die Bahai-Religion ist die Reduzierung des Monotheismus auf das Wichtige in ihm und an ihm. Auf die alles verbindende spirituelle Substanz. Die Schlacken der dogmatischen Vergangenheit sollen abgestreift werden. Eine sichtbare Entklerikalisierung bedeutet Modernität und ist geeignet, den modernen Menschen mehr anzusprechen als frühere, sozusagen klassische religiöse Hierarchien. Ein Zölibat ist unbekannt, alle drei Stifter des Bahai-Glaubens waren Ehemänner und hatten Kinder. Gleichberechtigung der Geschlechter, demokratisches Handeln bei einer gewissen Abstinenz zur kleinkarierten Tagespolitik, Arbeiten an der Weltgemeinschaft nach dem Motto „Einheit in der Vielfalt", Ablehnung von jeglichem Rassismus, frühe Betonung der Ökologie – all diese Elemente wären eigentlich geeignet für eine rasche Ausbreitung des neuen Glaubens. Auch ist die junge Religion frei von den Untaten und Verbrechen, die in Jahrhunderten und Jahrtausenden im Namen der anderen weltumspannenden Monotheismen begangen wurden.

Warum gibt es dennoch so wenige Bahai? In Deutschland sind es nur 7000, ein beträchtlicher Teil von ihnen persischer Herkunft. Die Weltgemeinde wird auf etwa fünf bis sieben Millionen Gläubige geschätzt. Darunter sind Menschen aller Ethnien und „Hautfarben", sodass die Bezeichnung als eine Weltreligion durchaus angemessen ist. Doch in Europa ist die Zahl gering.

Zunächst hängt das wohl auch damit zusammen, dass Europa wohl der einzige Kontinent ist, der im Grunde ganz religionslos zu werden droht, der von einer massiven Ent-Christianisierung beherrscht wird. Eine radikale Säkularisierung, die leider nicht nur die Politik und den Staat erfasste, sondern sämtliche Sphären des menschlichen Lebens, hat sich durchgesetzt. Dazu gehört ein ebenso radikaler Individualismus, der sich „nichts mehr sagen lässt", schon gar nicht von Kirchen oder auch Religionen. „Ich weiß schon, was für mich richtig ist", lautet die Devise. Von der christlichen Verheißung des Reiches Gottes und des Seelenheils sind übriggeblieben: der Sozialstaat und das soziale Heil, die immer weiterentwickelt werden. Mehr bedarf's nicht. Abgesichertes Wohlsein und Lebensstandard, möglichst für alle gleich.

Gewiss: Es gibt noch die Kirchen, und sie haben noch viele Mitglieder. Auch Weihnachten und Ostern werden noch gefeiert. Manchen bedeutet das religiös noch etwas. Aber die Mehrheit? Das Verständnis der bildhaften, symbolischen religiösen Sprache ist verloren gegangen. Inkarnation, Auferstehung, ewiges Leben, Jüngstes Gericht – welcher unserer Theologen vermag diese Begriffe dem modernen „Realisten" noch verständlich zu machen?

Die Religionsfreiheit und die modernen Migrationsbewegungen haben dafür gesorgt, dass religiöse Minderheiten bei uns zunehmen, vor allem die Muslime. Prompt entstehen Probleme in einer verweltlichten Gesellschaft. „Die passen nicht zu uns", heißt es angesichts der noch funktionierenden religiösen Strukturen und geistigen Inhalte besonders muslimischer Traditionalisten. In diesen Chor stimmen, trotz ihres Eintretens für die Religionsfreiheit als Menschenrecht, auch jene Muslime ein, die selbst inzwischen verweltlicht sind. Traditionell denkende religiöse Menschen stören und verstören; man kann ihnen ihre Rechte nicht verwehren, doch wäre es besser, es gäbe sie nicht mehr. Die Heiligen unserer Tage haben mit den früheren Heiligen fast nichts mehr zu tun – es sei denn, diese hätten sich um das soziale Heil gekümmert; und den (links)intellektuellen Kreisen ist der Glaube beinahe schon dasselbe wie der Aberglaube.

Da der Mensch jedoch von der Sinnsuche nicht lassen kann, finden viele Westler den Hinduismus ja so vielgestaltig und farbig. Vor allem war er auch so sinnenfroh, bevor die miefigen Engländer kamen und ihn verdarben. Beliebt ist momentan der Buddhismus, angeblich eine Religion ohne Gott (da ist man doch diesen Aufpasser los!). Alles asketische und ethische Bemühen ist individuell, und man kann es dann auch individuell wieder sein lassen.

Hinzu kommt die Religion des Szientismus, die lehrt, dass alles aus Materie (Energie) und von ganz allein entstanden ist. Angeblich haben das die Naturwissenschaftler bewiesen, vor allem Stephen Hawking und Richard Dawkins. Dass eine ganz erkleckliche Anzahl von Naturwissenschaftlern ganz und gar nicht dieser Meinung war und ist, fällt wenig ins Gewicht. Abgesehen einmal davon, dass es an Besessenheit grenzt, nur glauben zu können, was bewiesen ist – ein Widerspruch in sich. Er formt indessen das Weltbild des modernen Zeitgenossen, ein Grund mehr, warum es so wenige sind, die sich auf ihrer Suche der Bahai-Religion zuwenden. Denn in ihrem Kern bleibt auch diese

Religion, was Religion ist: Rückbindung (religio) an die Transzendenz, deren Existenz und Folgen man für wichtiger hält als die je eigenen Ratschlüsse. „Wahrlich, das Jenseits ist besser als das Diesseits“, heißt es im Koran, ein Vers, der das schlichte Gegenteil des heute Geglaubten ausdrückt: Wahrlich, das Diesseits ist besser als das Jenseits, von dem ja keiner etwas weiß. Da bleibt man doch besser beim Handfesten, besser die Taube in der Hand, als den Spatz auf dem Dach!

Doch es kommt noch etwas anderes hinzu: Wer sich mit der Entstehung der Bahai-Religion beschäftigt, betritt eine Welt, die dem Abendländer fremd geworden ist. Noch dazu im arabisch-islamischen oder persisch-schiitischen Sprach- und Metaphern-Gewand. Die Urschriften sind sprachlich nicht zugänglich. Nur in Übersetzungen. Zahlreiche Floskeln und Wendungen sind koranisch oder sie erinnern an den Koran, damit an den Islam, eine Religion, die gegenwärtig alles andere als beliebt ist im Westen. Auch der Koran wird zwar mittlerweile von vielen Europäern in ihrer jeweiligen Sprache gelesen, aber nicht verstanden. Die theologischen und historischen Kontexte sind fremd und häufig sogar unbekannt. Entfremdet ist der säkularisierte Europäer auch der eschatologischen Begeisterung und Entflammtheit, ja Entrücktheit, aus der heraus der Bâb zu predigen begann und die die persische Bevölkerung mitriss. Das gilt gleichermaßen natürlich, wenn nicht noch mehr für die Predigt Bahâ'ollâhs. Das Eschaton ist im Westen völlig profan geworden, entweder als weltlich-politische Utopie oder als ästhetische Science Fiction, also in der Kunst. Man muss schon ein Perser sein, um diese religiöse Inspiration noch nachempfinden zu können. Welcher Europäer könnte sich noch so einfach in die endzeitliche Erwartungshaltung jener Scheichî-Sekte versetzen, die zum Ursprung des Bâbismus wurde, eine Haltung, wie sie im Abendland zuletzt vielleicht von Joachim von Fiore oder Bernhard von Clairvaux, vielleicht auch noch von Luther evoziert wurde? Allenfalls noch in einigen christlichen Sekten ist so etwas möglich, deren Weltbild indes dem Rest der Bevölkerung befremdlich erscheint.

Wer heute die letzte Ruhestätte Bahâ'ollâhs in Akkon besucht, findet dort ein ganz und gar orientalisches Ambiente vor, denn die Altstadt von Akkon hat ihr arabisch-osmanisches Gesicht weitgehend behalten. Dies sollte freilich kein Hindernis sein, sich als Westler mit den Ursprüngen der Religion zu beschäftigen. Praktisch alle Hochreligionen der Menschheit sind im Orient entstanden, von Echnatons Sonnengott-Religion bis zum Bahaismus. Auch Jesus war nichts anderes als ein Orientale, ein „Palästinenser", und stammte aus einem Milieu, das uns heute sprachlich, mentalitätsmäßig und religionsgeschichtlich in vielem entrückt ist. Doch die Lehre hat uns zutiefst geprägt und bleibt. Auch bei den Bahai.

Trotz aller Demokratie und Offenheit wahrt die Bahai-Religion natürlich den Kernbestand der anderen Monotheismen, der sich nicht mehr überall von selbst versteht. Vor allem in der Ethik, wo jenes „Laissez faire, laissez passer" des modernen Hedonismus von vielen Zeitgenossen als besonderer Ausweis und als Recht einer unbegrenzten menschlichen Autonomie angesehen wird, dürfte es die üblichen Reibungsflächen zum „modernen Individualismus" geben. Auch diese Religion, so jung sie auch sein mag, entstand zu einer Zeit und in einer Umgebung, in der an Ehe und Familie kein Weg vorbeiging und die Leibesfrucht in der Regel unantastbar war. Nicht, dass der heutige Westen dies alles abgeschafft hätte – doch seine Auffassungen darüber haben sich doch erheblich gewandelt.

Die Werte der Bahai – von der „Einheit in Vielfalt" aller Kulturen bis zur Ermunterung der freien Forschung in Sachen des Glaubens wie des Wissens und der Abwesenheit eines Klerus – müssten eigentlich dafür sorgen, dass gerade der moderne Zeitgenosse in Europa sich in großen Mengen dieser Religion zuwenden müsste. Dies ist jedoch nicht der Fall. Es mag auch daran liegen, dass die Entscheidungen des Universalen Hauses der Gerechtigkeit in Haifa doch so etwas darstellen, wie das Lehramt der Katholischen Kirche, das Verbindlichkeit und Gehorsam der Gläubigen fordert. Vor Jahren schon sind darüber – zumal unter deutschen Bahai – Diskussionen und auch Polemiken geführt worden, wie die „Unfehlbarkeit" der Bahai-Stifter und des Universalen Hauses der Gerechtigkeit zu verstehen sei. Solche Dinge sind für den modernen Menschen und seine skeptische Gesinnung nur noch schwer nachzuvollziehen.

Als problematisch, zumindest erklärungsbedürftig muss man die von den Bahai oft vertretene Ablehnung einer Parteien-Demokratie ansehen. Man versteht ja gut die ursprüngliche Intention, das in der Tat häufig überflüssige und für die Demokratie häufig schädliche, endlose und auf Machtverteidigung angelegte Parteiengezänk hinter sich lassen zu wollen. Die Bahai favorisieren die politische Kandidatur von Einzelpersönlichkeiten, die für sich selbst stehen und nicht auf Parteidisziplin und/oder Ideologie festgelegt sind. Sie sollen nur der Ethik und der Vernunft verpflichtet sein, nicht jedoch den politischen Parteien mit ihren unausweichlichen Verschleißerscheinungen. Direkte Demokratien sind in kleinen Gemeinden, etwa in der Schweiz, möglich, wo die Einwohner auf dem Marktplatz zusammenkommen und über eine Frage abstimmen; die Beschlüsse werden jedoch anschließend auch dort von Berufs- und Parteipolitikern gefasst, wenn nicht sogar verwirklicht. Es ist kaum vorstellbar, dass allein politische Individuen ohne Bindung an irgendeine Gruppe mit ähnlicher oder gleicher Auffassung ganze Länder, die Europäische Union oder noch größere Einheiten werden regieren können. In allen westlichen Parlamenten ist die Anzahl parteiloser Abgeordneter nicht ohne Grund sehr gering.

Anders wäre die Bewertung, wenn man in dieser proklamierten exklusiven Variante von Politik so etwas sieht, wie eine stärkere Motivation zu privatem und ehrenamtlichem Engagement im öffentlichen Raum.

Freilich soll schlussendlich doch ein System der repräsentativen Demokratie die Gesellschaft regieren, wie auch örtliche und nationale Geistige Räte dies in den Ländern tun, in denen der Bahai-Glaube längst schon Fuß gefasst hat. Viele Bahai sind an führenden Stellen internationaler Organisationen aktiv für die Menschheit tätig und engagieren sich dort besonders intensiv, im Umweltschutz und auf anderen Feldern als Wissenschaftler, als Berater oder Beamte.

Natürlich gilt es auch bei den Bahai, Anspruch und Wirklichkeit voneinander zu scheiden. Auch unter ihnen gibt es Debatten, Diskussionen, was nur natürlich ist, und nicht alle Bahai sind „Edelmenschen“; doch ihren Versuch, den Ein-Gott-Glauben mit neuer Substanz zu erfüllen und alte Schlacken überlebter Epochen abzustreifen, verdient unsere Hochachtung und sollte nicht von vorneherein als bloßer „Synkretismus“ abgetan werden. Die Zeit wird auch in dieser relativ neuen Religionsgemeinschaft, die im Orient entstand, ihre Spuren hinterlassen und den Glauben immer wieder herausfordern, wie das bei den anderen großen Religionen auch der Fall ist und bleiben wird.

Zum Schluss seien jene Sätze zitiert, die Edward Granville Browne nach seiner Begegnung mit Bahâ'ollâh niederschrieb: „Nie werde ich das Antlitz dessen, den ich schaute, vergessen können, doch kann ich es nicht beschreiben. Seine durchdringenden Augen schienen auf dem Grund der Seele zu lesen. Macht und Autorität lagen auf seiner hohen Stirn … Hier bedurfte es keiner Frage, vor wem ich stand, als ich mich vor einem Mann verneigte, der Gegenstand einer Verehrung und Liebe ist, um die ihn Könige beneiden und nach der Kaiser sich vergeblich sehnen …"

Diese Sätze sagen mehr aus als lange Beschreibungen von sachlichen Inhalten oder Predigten.

Nachschrift

Meine persischen Liebhabereien haben mich immer wieder dazu gebracht, mich mit dem religiösen Lebens Irans zu befassen. Denn die Perser scheinen dafür ein besonderes Organ zu haben, das heißt, besonders empfänglich zu sein. Auch ihre weitgehend metaphysisch ausgerichtete Philosophie zeigt das. Als der Bâbismus auftrat, hätten sie die Gelegenheit gehabt, den schiitischen Islam so kräftig zu reformieren, dass er heute nicht als jener Fremdkörper empfunden würde, als den ihn die moderne Welt häufig wahrnimmt.

Dazu ist es leider nicht gekommen. Und auch andere Reformbewegungen des Schiitentums führen leider Gottes ein Mauerblümchen-Dasein angesichts des übermächtigen Einflusses der „Mullahkratie" in Iran, oft in Gestalt einzelner Denker im Ausland. Schiitische Reformdenker gibt es nämlich jede Menge, auch friedliche, nicht fanatische Gemeinden, die dem Schiismus entstammen, wie die Ismailiten in Pakistan und Indien oder die Ibaditen in Oman. Es kennt sie leider nur niemand. Bemerkenswert sind etwa die Stiftungen des Agha Khan, die wissenschaftlichen Zwecken, der Wohlfahrt oder der Bewahrung kultureller Substanz zugutekommen.

Die Bahai selbst scheinen in Iran gegenwärtig kaum eine Chance zu haben, auch nur frei atmen zu können. Wie lange das noch so gehen wird, vermag niemand zu sagen. Es wäre schon viel gewonnen, wenn man mit den offenen oder versteckten Diskriminierungen aufhörte und es ihrem Nationalen Geistigen

Rat erlaubte, seines Amtes zu walten. Persien könnte angesichts der ethisch-religiösen Motivation der Bahai und ihres hohen Standes der Bildung auf vielen Feldern nur davon profitieren. Doch Fanatiker und Dogmatiker berauben ihr Volk der besten Köpfe – nicht allein unter den Bahai, sondern auch unter den Muslimen, die neue geistige Horizonte aufreißen wollen. Auch sie werden ja kujoniert, mundtot gemacht oder ins Exil vertrieben.

Der iranischen, der persischen Religiosität verdankt die Welt jenen großartigen Gedanken, dass die Weltgeschichte ein Kampf zwischen Gut und Böse, Licht und Finsternis sei. Und wenn es auch nicht immer einfach ist, genau zu definieren, was das im Einzelnen ist, denn im Sinne eines bloßen Schwarz-Weiß war dies wohl niemals gemeint oder realistisch, und die Meinungen darüber gehen oft auseinander, so erkennt doch jeder Mensch in der Regel in schweren Bedrängnissen, in Unterdrückung, Folter und gewaltsamem Tod das Gute oder das Böse, wenn es ihm persönlich widerfährt.

In den monotheistischen Hochreligionen der Welt sind überall die Einflüsse der persischen Religiosität und Geisteskultur zu spüren, ohne dass dies oftmals ihren Bekennern bewusst wäre. Neben dem Dualismus, aber auch der Ganzheitlichkeit ist es die für das Christentum wie den Islam so bedeutsam gewordene Vorstellung von Engeln, die zu diesen Elementen zählt. Die aus der Zarathustra-Religion stammenden Amaesha spentas, Engelwesen, die dem einen Gott Ahura Mazda zugehören, finden ihre Fortsetzung in den Erzengeln sowohl der Bibel als auch des Korans. Ebenso im Manichäismus und in der mandäischen Gnosis.

Vieles spricht auch dafür, dass die im Christentum aufgekommene Idee, die menschliche Seele könne ein Purgatorium, eine Sphäre der Läuterung („Fegefeuer") durchlaufen, wie Dante dies in seiner Göttlichen Komödie dichterisch gestaltet, ohne den altiranischen Feuerkult, wie er mit den „Feueraltären" (Ateschkadeh) gepflegt wurde, in Zusammenhang gebracht werden kann.

Man versteht, dass ein Esoteriker und Spiritualist wie Henry Corbin von den altpersischen Lehren, insbesondere von der altiranischen Engel-Vorstellung (Angelologie) sich zutiefst beeinflussen ließ und sich sein Leben lang damit beschäftigte.

Die Religion der Bahai ist die vorläufig letzte Kundgabe des religiösen Genius der Perser. Ob und wann sich das gegenwärtig verfestigte dogmatische

Regime des Schiismus in der islamischen Republik, das auf andere schiitische Gemeinden ausgestrahlt hat – etwa im Libanon oder in Bahrain am persischen Golf –, mäßigen oder gar verändern wird, vermag zum gegenwärtigen Zeitpunkt niemand zu sagen.

*

„Zoroaster und Zarathustra“

Eine Meditation zum Schluss

„In diesen heil'gen Hallen kennt man die Rache nicht. Und ist ein Mensch gefallen, ruft Liebe ihn zur Pflicht“, singt Sarastro in seiner berühmten Bass-Arie in Mozarts Oper „Die Zauberflöte“. Es ist bekannt, dass sowohl Emmanuel Schikaneder als auch Mozart selbst als Freimaurer in dieser ehrfurchtgebietenden Gestalt, ja in der ganzen Oper die Ideen der Wiener Loge, der sie angehörten, „unter das Volk“ bringen wollten. Und es ist auch bekannt, dass Sarastro eine sprachliche Abwandlung von „Zoroaster“ sein soll. So nannten die alten Griechen den altiranischen Propheten Zarathustra, dessen Lehren jene persischen Achaimeniden-Herrscher folgten, über die wir in diesem Buch immer wieder einmal geschrieben haben.

Sarastro gilt in der Oper als der Weise an sich, der nach Auffassung seiner beiden Schöpfer jene Lehren verkörpert, in denen sich die Ethik der Aufklärung, eine säkulare Religiosität sowie uraltes ägyptisches, antikes und vielleicht auch persisch-altiranisches Weisheitsgut offenbaren. Isis, Osiris und Zarathustra – dies sind die geistigen Anker-Figuren dieser Ethik. Wie – und ob überhaupt – dies miteinander zusammenhängt, ist eine andere Frage. Ein gemeinsamer Nenner ist wohl, dass Sarastro so etwas symbolisiert, wie die „Welt der Eingeweihten“, der Wissenden, die von der Welt der Unwissenden zu unterscheiden ist. Es nimmt nicht Wunder, dass in einer Zeit der beginnenden Ägyptenromantik, später dann der Ägyptomanie und auch des im Entstehen begriffenen Interesses an Alt-Persien in einer Oper mit einer solchen Verschmelzung „geheimen Wissens“ gearbeitet wurde, zumal die Freimaurer dies in einer Form taten, die angesichts eines Nachlassens dogmatischer christlicher Gläubigkeit deren Ethik der Barmherzigkeit, der Nächstenliebe, der Liebe zu und der Freundschaft mit den Mitmenschen zu retten imstande war. Mehr als ein Hauch von „Geheimniskrämerei“ umgab damals die Freimaurer, in abgeschwächter Form hat sich das bis heute erhalten.

In der Oper müssen Tamino, der Prinz, und Papageno, der Vogelfänger, Prüfungen bestehen, Proben, von deren Ausgang es abhängt, ob sie in den illustren Reigen der Eingeweihten aufgenommen werden, ob es ein Happyend gibt oder nicht. Es ist ein Logen-Aufnahmeritual, verweist aber auch auf uralte, aus dem antiken Orient und aus Griechenland überkommene Einweihungsriten, wie etwa die Mysterienkulte von Eleusis. Im Zentrum steht indessen die Göttin Isis, die in der altägptischen Religion zusammen mit Osiris und Horus eine Trias bildet – fast hätte ich geschrieben „eine Trinität". Uralte religionsgeschichtliche Zusammenhänge dieser Art werden in der Forschung immer deutlicher.

Neben der „Wasser- und Feuerprobe" gehört dazu in der Oper auch das Schweigen. Vor allem das Schweigen-Können und das Hüten des Geheimnisses. Es ist allen esoterischen Lehren der großen Religionen zu eigen, denn seit der Antike wird unterschieden zwischen dem äußerlichen Wissen (Exoterik) und der inneren Weisheit (Esoterik), die nicht allen Menschen gegeben ist. In sie muss man eingeführt werden, am besten von einem Lehrer und Meister, wie Sarastro ihn vorstellt, dem Mystagogen. Sarastro verkörpert eine Summe hoher Tugenden, ist dabei jedoch auch streng, wie ein Mystagoge es zu sein hat. Der französisch-deutsche Esoteriker Edouard Schuré hat das in seinem Klassiker „Die großen Eingeweihten" und in seinem Reisebericht „Die Heiligtümer des Orients" bereits vor hundert Jahren behandelt.

Schon im alten Ägypten war das Allerheiligste den Priestern vorbehalten, und auch die islamischen Sufis hüten das letzte Geheimnis (sirr, Plural asrâr) der Weisheitserkenntnis; und noch Friedrich Schiller apostrophierte in einem berühmten Gedicht „Das verschleierte Bildnis zu Sais" die höchste, den Menschen verborgene Weisheit. Goethe, im „West-östlichen Diwan", dichtet, wie wir schon zitierten, die bekannten Verse: „Sagt es niemand, nur den Weisen, weil die Menge gleich verhöhnet." Die höchste Weisheit ist unsagbar, kann in sozusagen innerweltlichen Kategorien und Worten nicht wirklich mitgeteilt werden. Sie ist die Frucht anstrengender Bemühungen, auch Ethik und Moral sind nicht ohne Anstrengung zu erwerben, sondern durch Läuterung der Seele.

Es gibt ein höheres Wissen, das eben nicht allen zugänglich ist, wie die Fakten und Theorien der Wissenschaft. Gleichwohl soll der Mensch danach streben, vor allem nach dessen Verwirklichung in der Ethik. Tamino meistert in der Oper die Aufgaben, während Papageno, gewissermaßen das Inbild des „normalen" Menschen, dazu nicht in der Lage ist. Er interessiert sich nur für die „Basics" des Lebens. Es werden Geist und Trieb in einen Wettbewerb geschickt. Doch am Ende wird auch er, der sich bemühende „normale" Zeitgenosse, „belohnt", bekommt seine Papagena und das „normale" bürgerliche Glück mit vielen „Kinderlein" verheißen, nach dem Motto Platons „Jedem das Seine".

Jan Assmann sieht in Papageno und der Königin der Nacht Symbole der Unaufgeklärtheit, während die Welt Sarastros für die Aufklärung und die Ideale der Freimaurer steht.

Doch was bekommt Tamino? Natürlich Pamina, beide repräsentieren das „hohe Paar", und die Königin der Nacht – die nur vordergründig böse erscheint, am Beginn der Oper sogar als gut, während Sarastro als Bösewicht charakterisiert wird – wird ihrer Macht beraubt. Wer auf Rache verzichtet, wer liebt und durch Liebe zur Umkehr gebracht wird, auf dass er seine Pflicht erfüllt, „wandelt an Freundes Hand vergnügt und froh ins bessere Land". Und: „Wen solche Lehren nicht erfreu'n, verdienet nicht, ein Mensch zu sein". Dies ist die humanitäre Botschaft Sarastros wie der Freimaurer und der Aufklärung. Wie dichtete doch Scheich Saadî :

Du, den nicht Menschenleiden rühren,
Darfst auch den Namen „Mensch" nicht führen.

Doch was ist das bessere Land? Es ist gewiss ein säkular verstandener Abglanz des „Reiches Gottes", das auch der iranische Prophet Zarathustra verkündete. Die Welt und der Glanz Ahura Mazdas, des guten Gottes, nach dem Sieg über den Dämon Ahriman. Was ist mit Lohn und Strafe, wie sie von den Monotheismen den Seligen verheißen, den Sündern aber angedroht werden? Auch von dem iranischen Propheten Zarathustra.

Auch in der „Zauberflöte" erfahren wir das nicht expressis verbis – weil es niemand wissen kann. Die letzten Zeilen des Schlusschores „Dann ist die Erd' ein Himmelreich und Sterbliche den Göttern gleich" weisen in das Land Utopia, das nach der Französischen Revolution eine neue Strahlkraft erhalten sollte, als sozialrevolutionäre Vision in allem möglichen Ismen. Eine von Dunkelmännertum befreite Menschheit, in der die Tugend waltet.

Nach dem altiranischen Glauben werden die Guten zu Söhnen des Lichts, nicht nur bei Zarathustra, sondern auch bei den Mandäern, den Manichäern und auch bei gewissen Sufis, wie Henry Corbin in seinem Werk „Der Lichtmensch im persischen Sufismus" erläutert hat. Die Nähe zu Gott, zum göttlichen Licht ist das, was die religiöse Sprach-Symbolik dem „normalen" Menschen in metaphorischer Weise verheißt – mit der Begrifflichkeit von Lohn und Strafe, oder den bildhaft-suggestiven Paradies-Visionen, wie der Koran sie imaginiert. Der einfache Gläubige nimmt das wörtlich. Der Sufi glaubt nicht daran, sondern strebt nach der Gegenwart Gottes, nach dem Bei-Gott-Sein als dem höchsten Ziel. In diesem Zustand der unio mystica, die ohne Barmherzigkeit und Liebe nicht zu erreichen ist, sind der Lebende, wie es bei Maulânâ Rûmî heißt, der Geliebte und die Liebe eins geworden. Sie sind ununterscheidbar. Wieder eine Trias. Wer danach strebt, verwirklicht auch das Gute, nach Zarathustra pflegt er, um das Ziel zu erreichen, die Aufrichtigkeit (râstî) sowie Gerechtigkeit und Wahrheit (dorostî). Es sind dies Werte, die der alte Perser ebenso bejahen konnte, wie das der Christ kann, der Muslim, der Sufi oder auch der aufgeklärte Menschenfreund im Prozess der Säkularisierung, der Humanist. Insofern führt ein Weg von den alten Ägyptern über Zarathustra, Jesus und Mohammed zu Mozarts Zoroaster-Sarastro und den Freimaurern – bei ihnen freilich ohne jene mystischen Erfahrungen und Entrückungen, von denen in unserer Kultur Meister Eckhart, Jakob Böhme oder die heilige Teresa von Avila berichten.

Doch warum heißt der Weisheitslehrer in der Oper nach Zarathustra, wo doch eher ägyptische Vorbilder im Vordergrund stehen? Und warum heißt die Oper überhaupt „Zauberflöte", denn der ursprüngliche Titel lautete anders: „Die egyptischen Geheimnisse"? In der Spätantike, im Hellenismus, vermischten sich altägyptische Weisheitslehren, griechische Mysterienkulte und persische Lichtmetaphysik. Zarathustra (Zoroaster) wurde mehr mit den ägyptischen Weisheitslehren in Verbindung gebracht, als wir das heute tun. Auch das altpersische Pantheon drang ein, etwa der eindeutig persische Gott Mithras, den in spätrömisch-hellenistischer Zeit die Soldaten bevorzugten und in dessen Kult man auch eingeweiht werden musste. Persische Weistümer gehörten also in der antiken Welt auch dazu. Und der Isis-Kult der Spätantike hatte, wie Assmann schreibt, mit dem ursprünglichen Isis-Kult nur noch wenig zu tun. Reste von Mithras-Heiligtümern fanden die Archäologen überall, wohin die Römer gekommen waren, sogar im fernen Britannien. Die religiöse Landschaft der Spätantike, die schließlich vom Christentum abgelöst wurde, war synkretistisch, auch die letztlich auf Zarathustra (Zoroaster, „Sarastro") zurückgehenden Vorstellungen spielten eine wichtige Rolle – bis hinein in das frühe Christentum. Das Judentum war schon viel früher, in alttestamentlichen Zeiten, von Persien kulturell erfasst worden, wie auch von Ägypten.

Die Flöte nun war im Orient schon immer eine „Zauberflöte". Sie ist ein magisches Instrument, das Instrument der Transzendenz. Ob als Aulos (Doppelflöte) bei den Griechen oder später bei den islamischen Sufis als persische Rohrflöte (Ney). In den persischen Dichtungen Maulânâ Rûmîs spielt sie eine zentrale Rolle als Symbol für die sehnsüchtige Klage des von Gott getrennten Menschen, der sich nach der Rückkehr zu Gott (persisch ma'âd) sehnt. Und sie ist das zentrale Instrument in der Mevlevî-Musik, die auf Rumi zurückgeht. In der Oper drückt die Zauberflöte die Sehnsucht nach und die Hoffnung auf das Land Utopia aus, in dem auch „Mann und Weib an die Gottheit heranragen".

Mit Händen zu greifen ist in Mozarts Oper auch der Bezug auf die Orphiker, die ebenfalls der Musik – wie auch die Pythagoreer – zentrale Bedeutung für das geistige, das religiöse Leben beimaßen. Auch die Pythagoreer bildeten einen „Geheimorden", dessen Mystagoge Pythagoras selbst war. „Der Meister selbst hat es gesagt" (autos epha) war ihr Wahlspruch. Sie forschten über Musik, und der Gott Orpheus galt den Griechen als Gott der Musik, die imstande war, die Menschen, ja alle Lebewesen zu erfreuen, zu befrieden und zu verwandeln. Auch dies kommt in der „Zauberflöte" zum Tragen.

Wie Assmann schreibt, ist die „Zauberflöte" durchaus die Oper eines Initiationsrituals mit einem freimaurerischen Ernst, den sowohl Mozart als auch Schikaneder durchaus wichtig nahmen. Ein strenger Dualismus durchwaltet das Geschehen auf der Bühne mit dem Ziel, die Menschen zu veredeln, aus der Papageno-Sphäre in die Tamino-Sphäre und damit Sarastros zu erheben. Gleichzeitig ist diese Oper eine „Welthandlung", denn sie umspannt nicht nur geistige Entwürfe und Kulturepochen, die von den alten Ägyptern und Persern, über die westlichen esoterischen Denominationen, wie die Rosenkreuzer und Illuminaten, bis in Mozarts Zeit hineinreichen, sondern auch die gesamte Menschheit, deren Vielfalt man damals zu entdecken begann – oft leider unter „rassischen“ Vorzeichen. Tamino ist in der Oper ein „japanischer Prinz“, Monostatos ein Schwarzer. Asien, Europa und Afrika treffen aufeinander, in einer Handlung, die in keiner realen Zeit und an keinem realen Ort stattfindet, sondern „im Geistigen“.

Als Mozart und Schikaneder die „Zauberflöte“ schufen, ging die Französische Revolution in ihr drittes Jahr.

Die vielleicht interessanteste, vieldeutigste Figur in der „Zauberflöte“ – neben der Königin der Nacht – ist Papageno. Er ist nicht nur der „normale“, am Üblichen orientierte Mensch, sondern ein „Vogelmensch“, der auch häufig von den Regisseuren so kostümiert wird. Assmann deutet an, dass er vielleicht sogar ein Vogel sein könnte, und er bringt ihn sogar mit der Sphäre des Phallischen in Verbindung.

Der Vogel nun, als Nachfahre der Saurier, repräsentiert nicht nur urferne erdgeschichtliche Zeiten, sondern gilt schon den Ägyptern als Symbol der menschlichen Seele, deren Schicksal nach dem Tod ihr ureigenstes Interesse war. Die Vögel bewegen sich als einzige Lebewesen in der Sphäre zwischen Erde und Himmel. Als solche gelten sie oft auch als Symbole für die Engel, nicht nur im altiranischen Glauben, der eine Zwischenwelt zwischen Diesseits und Jenseits (Gott) annimmt, sondern auch in zahllosen Dichtungen und noch in Rilkes „Duineser Elegien“. In der persischen Dichtung „Manteq ot-Tair“, die „Sprache der Vögel“ aus der Feder des großen Klassikers Farîd ad-Dîn-e Attâr wird geschildert, wie dreißig verschiedene Vögel unter Führung des Wiedehopfs nach innen, in Wirklichkeit in den Himmel als Welt-Innenraum der Seele reisen, um am Ende zu entdecken, dass sie in Gott sind, Er in ihnen – der König Simorgh, bei dem ihre Pilgerfahrt endet und in dem sie sich selbst erkennen, heißt übersetzt „dreißig Vögel“. Auch diese sufische Dichtung Persiens schildert die Stadien einer Einweihung, einer Initiation, denn die Vögel stehen für die gesamte Menschheit und ihr Streben nach höchster Weisheit und Tugend.

Mozart und Schikaneder haben dies sicher nicht gekannt, und man soll den Tiefsinn auch nicht über Gebühr bemühen. Doch wissen wir seit C. G. Jung viel mehr über kulturübergreifende Archetypen in der Religions- und Kulturgeschichte der Menschheit.

Der altpersischen Lichtreligion und ihrer Ethik der Vergeistigung des Menschen begegnen wir auch in Zusammenhängen, die man vielleicht auf den ersten Blick dort nicht vermutet – im Spätwerk des „Volksschriftstellers" Karl May. Dass er fiktive Reiseerzählungen über den Orient schrieb, weiß in Deutschland fast jedes Kind und auch seine schon reiferen Leser. Weniger bekannt ist, dass May im Jahre 1902 wirklich in den Orient reiste und von diesem Zeitpunkt an seinen Büchern einen anderen Charakter gab. Man spricht heute vom Spätwerk Mays mit einer gewissen Ehrfurcht. Der Literatur-Archäologe Arno Schmidt, der neunzig Prozent von Mays Erzählungen als bloße Kolportage ohne großen literarischen Wert erklärte, nahm das Spätwerk Mays aus und nannte ihn den vorläufig „letzten Groß-Mystiker der deutschen Literatur". Und Mays Biograph Hans Wollschläger stimmte dem zu. In seinen späten Werken wechselte May seinen Stil und verwendete eine symbolische Schreibweise. Diese Reiseerzählungen sind nicht mehr wörtlich als Abenteuergeschichten zu verstehen, sondern metaphorisch. May reist mit Hadschi Halef durch die menschliche Seele. Dabei spielt Persien eine nicht unwichtige Rolle. Schlüsselwerke sind die beiden Bände, die unter dem Titel „Im Reiche des silbernen Löwen" firmieren, die zu großen Teilen in der Nähe der schiitischen Pilgerstätten im Irak und im iranischen Teil Kurdistans spielen, sowie die beiden Bände „Ardistan" und „Dschinnistan". Diese letzteren Romane spielen vollends in einem „geistigen Orient" der Mystik und stellen eine kontemplative Seelen-Pilgerschaft dar, die von Ardistan nach Dschinnistan führt. Deren Schauplatz ist geographisch nicht mehr zu fassen, denn sie führt vom „Erdland" in das „Land der Geister", vom dumpfen Materialismus des Erdlandes (das arabisch-persische Wort „ard" heißt Erde) in das Land des Spiritualismus, der befriedeten Geistigkeit und Menschenliebe, des Idealismus. Die Bücher sind also streng dualistisch – wie auch die Lehre Zarathustras. Persische Namen tragen auch viele der Landschaften und Personen, wie der Pädär, der Vater, persisch „pedar".

May versuchte, auch seine früheren Erzählungen schon in dieser symbolischen Weise zu interpretieren, doch dies misslang ihm gründlich. Erst im Spätwerk war er auch sprachlich in der Lage, solche Inhalte zu transportieren, worauf sowohl Arno Schmidt als auch Hans Wollschläger hingewiesen haben. In jenen Jahren wandelte sich May endgültig auch zum Pazifisten und ließ keinen Zweifel daran, dass er den Sinn religiöser Geistigkeit im Seelenfrieden erblickt, der die ganze Menschheit zum Frieden führen soll. Er arbeitete eng mit Bertha von Suttner zusammen, die den Friedensnobelpreis bekam und in ihm einen beredten Verbündeten fand. In Zarathustras Lehre wird vom Menschen verlangt, dass er den Lügengeist (drugwand) bekämpft, der im Menschen Ehrlichkeit, Rechtschaffenheit und Friedfertigkeit verhindert. So war altiranisches Denken anwesend, als May kurz vor seinem Tod im Jahre 1912 in Wien seinen berühmten Vortrag hielt unter dem Titel „Empor ins Reich der Edelmenschen". Die Floskel mag uns heute ein wenig zu pathetisch klingen, doch sah May in ihr, wie auch in dem Denken, das ihr zugrunde lag, eine Basis, auf der die Gläubigen aller Bekenntnisse und die Humanisten zusammenfinden können.

In „Also sprach Zarathustra" von Friedrich Nietzsche ist freilich alles ganz anders. Gleich ist nur die prophetische Attitüde, die der Philosoph und Dichter in seiner Kunstfigur Zarathustra einnimmt. Und die Sprache, die er spricht. Sein hoher Ton ist religiös und prophetisch, doch der Inhalt seiner Predigt antagonistisch. Nietzsches „Zarathustra" ist die dialektische Antithese zu Zarathustra und damit auch zu Sarastro – und selbstverständlich auch allen anderen Religionsstiftern, denn „Gott ist tot", verkündet Nietzsches Zarathustra. „Wir haben ihn getötet". Und dieser „Zarathustra" verkündet eine ganz andere Moral: Werdet hart, keine Barmherzigkeit. Fernstenliebe statt Nächstenliebe, Umwertung aller Werte, die auf dem Theismus beruhen. Der Übermensch ist nicht unmoralisch, sondern a-moralisch, denn er leugnet die Grundlage aller bisherigen Moral. Nietzsche ist einer der wenigen – vielleicht sogar der einzige –, der aufgrund seiner Prämisse der Gottlosigkeit in strenger Logik auch die bisherige Moral nicht nur infrage stellt oder relativiert (dies taten auch andere), sondern schlichtweg leugnet und in ihr Gegenteil verkehrt. Wer den die Moral sanktionierenden Gott abschafft, schafft damit auch dessen Moral ab. Nichts belustigte ihn mehr als jene Atheisten, die vehement ihre Glaubenslosigkeit hervorkehrten und verfochten, aber alles andere, besonders die Ethik und Moral, weiter gelten ließen, ja jetzt erst recht als besonders moralisch priesen, da nun selbstlos und ohne Hintergedanken praktiziert, als bedeute die Gottesleugnung rein gar nichts. Dies spricht für Nietzsches Wahrheitsethos als Philosoph und macht ihn groß. Vor dem von „Zarathustra" angekündigten Übermenschen bevölkert der „letzte Mensch" die Erde; er ist völlig diesseitig orientiert und vollauf mit der intelligenten Organisation seines Wohlseins beschäftigt. Dieser „letzte Mensch“ scheint mir in großen Teilen Europas im Werden zu sein.

Es ist insofern konsequent, dass es bei Nietzsche „Zarathustra“ ist, der alle bisherige Moral zurücknimmt, denn er hat sie, den Kampf zwischen Ahura Mazda und Angra Mainju oder Ahriman, Licht und Finsternis, Gut und Böse auch ins Leben gerufen. Jedenfalls glaubt Nietzsche das, und es entsprach wohl auch dem wissenschaftlichen Stand zu seiner Zeit. Von dem viel früheren „Lichtgeist“ Amenophis IV., Echnaton, und seinem Monotheismus um den alleinigen Sonnengott Aton wusste man zu seiner Zeit nur wenig, anders als heute. So blieb der persische Religionsstifter als Schöpfer des Monotheismus übrig, aus Zarathustra wurde „Zarathustra“, eine philosophische Kunstfigur, ein Sprachrohr für Nietzsches Ideen, die sich wahrlich als Dynamit erweisen sollten.

Entgegen allen Erwartungen ist Nietzsches Werk, in dem der metaphysische Nihilismus als die „höchste Form der Bejahung“ gepriesen wird, sogar in den meisten muslimischen Ländern zu erwerben, hier und da eher unter dem Ladentisch, in anderen jedoch – etwa der Türkei – ganz regulär. Auch viele Perser lesen es, schon weil sie es bemerkenswert finden, dass ein europäischer Denker sich ihrer uralten Weisheitsfigur bedient, um seine Ideen in die Welt hinauszutragen. Und nicht nur das: In Europa, ganz besonders jedoch in Amerika ist eine Anverwandlung von Nietzsches Zarathustra, diesmal wieder in gläubigem, metaphysischem Gewande, zum Kultbuch geworden: „Der Prophet“ aus der Feder des großen libanesischen Dichters Khalil Gibran Khalil. In ihm wird Nietzsches „Zarathustra“ und seine extreme Weltsicht nun wieder zurückgenommen. Der religiöse Idealismus tritt wieder an die Stelle des Nihilismus. Aus „Zarathustra“ wird wieder Zarathustra und Sarastro. Freilich gibt der libanesisch-amerikanische Dichter seinem Propheten ein moderneres Gewand.

Die Perser, so können wir sagen, haben einen großen fortzeugenden Anteil an der Weltkultur – und beileibe nicht nur durch ihre alten wie neuen Propheten.

*

Die Dynastien in Iran

Um 600 v. Chr. Wirken des altiranischen Propheten Zarathustra. Ein religiöser, metaphysischer Dualismus konstituiert die persisch/iranische Geistigkeit, der sich bis heute erhält.

Achaimeniden (559–330 v. Chr.)

> Iran wird unter Kyros II. (Kûrosch-e Kabîr) zum ersten Weltreich der Geschichte. Xerxes, Dareios und Artaxerxes führen Kriege und halten das Reich zusammen, Kambyses erobert Ägypten. Dareios III. muss schließlich nach den Niederlagen gegen die Makedonen Alexanders des Großen die Macht abgeben, das Haus der Achaimeniden (Hachamanisch) erlischt.

Alexander der Große (331–323 v. Chr.)

Unter den Diadochen, den Nachfolgern Alexanders, entwickelt sich eine bis nach Afghanistan reichende, griechisch-persische Mischkultur, der Hellenismus.

Arsakiden oder Parther (247 v. Chr.–226 n. Chr.)

Sassaniden (226–651 n. Chr.)

Tod des islamischen Propheten Mohammed (632)

Persien/Iran wird nach 641 (Schlachten von Qadisiya und Nihawend) islamisch und Teil der verschiedenen Kalifate, zunächst der Omajjaden von Damaskus (bis 750), dann der Abbasiden (bis 1258), in deren Reich das Persische schon einen wichtigen Einfluss entfaltet, vom Hofzeremoniell angefangen bis zu Kunst, Literatur und Kultur. Das Arabische wird zur alles beherrschenden Kultursprache, doch treten etliche Perser, wie Ibn al-Moqaffa, als Übersetzer persischer Geschichten in das Arabische auf. Perser treten zudem in Theologie, Geschichtsschreibung und Wissenschaften auf den Plan, hauptsächlich in arabischem Sprach-Gewand.

Tahiriden (821–845)

Saffariden (861–900)

Samaniden (864–1005)

> Diese Dynastie erwirbt sich den Ruf, für eine Renaissance der persischen Kultur, insbesondere der persischen Sprache und Dichtung gesorgt zu haben. Von Buchara (Buchârâ) aus strahlt ihre Herrschaft bis weit nach West-Iran und in den Osten aus. Es ist die Zeit des großen Universalgelehrten und Philosophen Ibn-e Sînâ (Avicenna) und vieler anderer Geistesgrößen.

Bujiden (932–1055)

Diese Dynastie regiert unter anderem von Bagdad aus, nominell herrschen freilich die Abbasiden weiter bis zum Jahre 1258.

Sijariden (927–1035)

Ghasnawiden (977–1191)

> Die turkstämmigen Ghasnawiden haben ihren Schwerpunkt im heutigen Afghanistan und erweitern ihre Herrschaft bis in den Pandschâb, das indische Fünf-Stromland. Unter Mahmûd von Ghasna (auch Ghazna) entsteht das „Schâhnâme“ („Königsbuch“) von Ferdousî, aus dem ostiranischen Tûs gebürtig, das persische Nibelungenlied und Nationalepos.

Seldschuken (1038–1186)

Mit den Seldschuken, die später auch in Anatolien als Rum-Seldschuken an die Macht gelangen, herrscht zum ersten Mal eine türkische Dynastie über ganz Iran. Die Seldschuken entspringen der Stammesformation der türkischen Dokuz Oguz (Oghusen) aus dem Raum östlich des Kaspischen Meeres. Sie eröffnen den Reigen türkischer Dynastien, der sich fortsetzt mit den ihnen verwandten

Mongolen (1206–1260),

Ilchânen (1256–1336), auch Ilkhâne,

Musaffariden (1314–1387),

Choresmschahs (1077–1231).

Zentrum dieser Herrschaft ist die Landschaft Choresm, Transoxanien (das Land zwischen den Flüssen Amu Darya und Syr Darya, Oxus und Jaxartes in der Antike). Sie findet ihr Ende durch die Eroberungen Dschingis Khans nach 1226. Die Mongolen und ersten Ilchâne sind Buddhisten, erst der Ilchân Ghâzan tritt zum Islam über.

Aus dem Milieu türkischer Nomaden stammen die beiden Dynastien der

Kara Koyunlu (Schwarzer Hammel) und der

Ak Koyunlu (Weißer Hammel), von 1378 bis 1502.

Schaibaniden (1500–1599)

Schwerpunkt der schaibanidischen Herrschaft ist seit 1510 das heutige Usbekistan.

Timuriden (1370–1495)

Diese turko-mongolische Dynastie wird von Timûr-e Lenk, dem „lahmen Timur“ gegründet, der in Europa unter dem Namen „Tamerlan“ bekannt wurde und hier sogar das Objekt von Dichtung und Musik. Das reicht von Christopher Marlowes Drama „Tamerlan“ bis zu Händels Oper „Tamarlano“. Timur war ein grausamer Eroberer, der um ein Haar das Osmanische Reich um seine weltgeschichtliche Rolle gebracht hätte, da er die Osmanen in der Schlacht von Ankara 1402 besiegte und den Sultan Beyazit gefangennahm; doch baute er auch seine Hauptstadt Samarkand (heute in Usbekistan) mit der Hilfe „gekidnappter“ Künstler prachtvoll aus.

Safawiden (1501–1736)

Gegründet von dem Sufi-Orden, der sich auf Scheich Safî od-Dîn-e Safawî beruft, im nordwest-iranischen Ardabil erreicht Persien unter den ersten Safawiden, von Schah Esmâ'îl bis zu Abbâs-e Bozorg, dem Großen, einen neuen Höhepunkt seiner Kultur. Die ersten europäischen Reisenden berichten über Land und Leute. Auch die ersten Kontakte mit europäischen Mächten werden geknüpft, insbesondere mit der englischen Ostindischen Kompanie. Die auf Schah Abbâs folgenden Herrscher sind schwach, sodass die Safawiden einer afghanischen Dynastie weichen müssen, den

Afscharen oder Afschariden (1736–1795).

Es ist eine Zeit der Wirren, die beseitigt wird durch die kurzlebige Dynastie der

Zand (1750–1796).

Sie wird ins Leben gerufen durch Mohammad Karîm Khân Zand, der kurdischer Abstammung ist und dem Land eine neue Stabilität verschafft.

Qadscharen (1779–1925)

Unter den Qadscharen, deren bekannteste Herrscher Fath Alî Schah und Nâser od-Dîn Schah sind, öffnet sich Persien weiter gegenüber dem Westen, wird allerdings auch mehr und mehr von den westlichen Mächten bedrängt, vor allem von England und Russland. Bis 1920 zerstört das Zarenreich die persisch geprägten Herrschaften der Astarchaniden und der Mangiten, die ihre Zentren in Buchârâ haben. Unter den Qadscharen wird Teheran 1788 Hauptstadt und bleibt es bis heute.

Pahlawîs (1926–1979)

Die beiden Herrscher, Vater und Sohn, Rezâ und Mohammad Rezâ, modernisieren und verwestlichen das Land, verweigern dem Volk jedoch grundlegende demokratische Rechte. Seit den fünfziger Jahren bildet sich eine immer stärker werdende Allianz von kommunistischen, nationalistischen und religiösen Kräften heraus, die den Sturz der Dynastie Pahlawî herbeiführt.

Am 1. Februar 1979. Ajatollâh Chomeinî kehrt nach eineinhalb Jahrzehnten des Exils nach Iran zurück. Gründung der Islamischen Republik Iran, ein einmaliges Experiment in der Geschichte Irans. Erstmals herrschen in Persien die Mullahs selbst im Verein mit den militärischen Kräften der Revolution und einflussreichen Basar-Händlern. Höchste Autorität des Landes ist der Oberste Rechtsgelehrte (walî-ye faghîh). Chomeinî stirbt 1989. Unter seinen Nachfolgern erlebt das Land weiterhin Repression, ein kurzfristiges „Tauwetter“ unter Mohammad Châtamî und neuerliche Repression. Demonstrationen scheitern.

*

Stationen – Persien im deutschen Geistesleben (eine Auswahl)

Carsten Niebuhr, Mitglied der dänischen Jemen-Expedition (1760–1767), besucht als einziger Überlebender auf dem Rückweg Iran und beschreibt die Ruinen von Persepolis.

Georg Friedrich Grotefend (1775–1853) entziffert auf der Grundlage der achaimenidischen Herrscherfolge, das heißt der Namen dreier Großkönige, seit 1802 die antike persische Keilschrift. Dies wird Ausgangspunkt zur Entzifferung auch der sumerischen und babylonischen Keilschriften durch Henry Creswicke Rawlinson sowie der Keilschrift von Ugarit durch Hans Bauer.

Der Diwan des Hâfez in der Übersetzung durch Joseph von Hammer-Purgstall erscheint im Jahre 1813/14.

Goethes „West-östlicher Diwan" mit dem arabischen Nebentitel „Al-dîwân al-scharqî li-l mu'allif al-gharbî" (Der östliche Diwan des westlichen Dichters), eine Anverwandlung vor allem persischer, doch auch arabischer Poesie im Zwiegespräch mit der Seelenfreundin Marianne von Willemer, erscheint im Jahre 1819. Eine epochale Tat – doch der Absatz des Buches ist schleppend. Goethe ist seiner Zeit zu sehr voraus.

Friedrich Rückert (1788–1866) widmet sich abermals dem Diwan des Hâfez und legt eine kongeniale Übertragung ins Deutsche vor.

Friedrich Nietzsches philosophische Dichtung „Also sprach Zarathustra", in welcher der religiöse Dualismus zugunsten des metaphysischen „Nihilismus" zurückgenommen wird, erscheint in den Jahren 1883–85. Nietzsche preist den Nihilismus als die „höchste Form der Bejahung". In diesem pathetischen, mehr dichterischen als philosophischen Werk redet in der Verkleidung Zarathustras ein atheistischer Religionsstifter.

Der später sogenannte geistige Vater Pakistans Mohammad Eqbâl (1877–1938), studiert in Deutschland und macht mit seiner Dissertation über die „Metaphysik in Persien" 1907 (deutsch 1982) die Deutschen mit dem iranischen Denken seit Zarathustra vertraut.

Im Jahre 1955 erscheint Hellmut Ritters epochales Werk „Das Meer der Seele. Mensch, Welt und Gott in der Dichtung des Farîd od-Dîn Attâr".

Cyrus Atabay (1929–1996), ein Mitglied des persischen Kaiserhauses Pahlawî, lebt in Deutschland, wo er sich nicht nur als Übersetzter der persischen Klassiker Rûmî, Hâfez und Saadî, sondern auch als Poet in deutscher Sprache mit eigenen Werken einen Namen macht.

Im 20. Jahrhundert tragen Iranisten wie Hans Heinrich Schaeder, Christian Rempis, Hans Robert Roemer, Hellmut Ritter, Annemarie Schimmel und viele andere zum kulturellen Dialog zwischen Persern und Deutschen bei.

Als deutscher Schriftsteller vermittelt der mittlerweile vielfach preisgekrönte Navid Kermani (Nawîd Kermânî), Jahrgang 1967, erfolgreich zwischen den beiden Kulturen. Auf dem Felde der zeitgenössischen persischen Lyrik tut dies seit vielen Jahren der Übersetzer Kurt Scharf.

*

Die Imame der Schiiten

Alî Ibn Abî Tâlib, Vetter und Schwiegersohn des Propheten Mohammed
Hasan Ibn Abî Tâlib
Hossein Ibn Abî Tâlib
Alî Ibn Hossein Zein ol-Âbedîn
Mohammad al-Bâqer
Dschaafar al-Sâdegh – Esmâ'îl
Mûsâ al-Kâzem (Siebener Schiiten, Sab'îja)
Alî al-Rida
Muhammad al-Taqî
Alî al-Naqî
Hasan al-Askarî
Mohammad al-Mahdi (in der Großen Verborgenheit)
(Zwölfer Schiiten, Ethnâ'ascharîja)

*

Bemerkungen und Quellen

Ein großer Teil des Buches beruht auf Aufzeichnungen, die ich in den Jahren 1970, 1978 und 1979 vorgenommen habe, zunächst als private Notizen, später als Aufzeichnungen und Entwürfe für Artikel, die bis 2012 in der Frankfurter Allgemeinen Zeitung erschienen sind. Dies gilt in den Jahren nach 1979 besonders für Beiträge, die ich über die Verfolgung der Bahai in der islamischen Republik Iran sowie über deren Glauben publizierte. Außerdem Artikel, die ich nach meinen Aufenthalten im Irak in den achtziger Jahren verfasste. Diese Artikel sind inzwischen im FAZ-Archiv längst digitalisiert und dort abrufbar.

Eine kleine Auswahl-Bibliographie, die mir beim Abfassen des Textes nützlich war, soll nun folgen:

Assmann, Jan: *Die Zauberflöte. Oper und Mysterium*. München 2005.

Bausani, Alessandro: *Die Perser*. Stuttgart 1965.

Ceram, C. W. (Kurt Marek): *Götter, Gräber und Gelehrte. Roman der Archäologie*. Hamburg 1955.

Corbin, Henry: *Die smaragdene Vision. Der Lichtmensch im persischen Sufismus*. Übersetzung aus dem Französischen von Annemarie Schimmel. München 1989.

Dashti, Ali: *In search of Omar Khayyam*. Translated by L-P. Elwell-Sutton. London 1971.

Esslemont, J. E.: *Bahaullah und das neue Zeitalter*. Hofheim-Langenhain 1976.

Goethe, Johann Wolfgang: *West-östlicher Diwan. Noten und Abhandlungen zum besseren Verständnis des West-östlichen Diwan*. Herausgegeben von Konrad Burdach. Leipzig 1937.

Gelpke, Rudolf: *Die iranische Prosaliteratur im 20. Jahrhundert. 1. Teil: Grundlagen und Voraussetzungen*. Wiesbaden 1962.

Gelpke, Rudolf: *Vom Rausch im Orient und Okzident*. Stuttgart 1995. (Hinzu kommen die poetischen Übertragungen Gelpkes, die in kleinen, handlichen Bändchen im Manesse-Verlag erschienen sind: *Leila und Madschnun* und *Die Geschichten der sieben Prinzessinnen von Nezâmî*).

Gholamasad, Dawud: *Die Entstehung der „Islamischen Revolution"*. Hamburg 1985.

Golz, Jochen (Hrsg.): *Goethes Morgenlandfahrten*. Frankfurt a. M. und Leipzig 1999.

Hafiz, *Die Ghaselen des Hafiz* (Hâfez). Neu in deutsche Prosa übersetzt, mit Einleitung und Lesehilfen von Joachim Wohlleben. Würzburg 2004. (Poetische Übertragungen der Ghaselen seit Hammer-Purgstall 1812/13 sind in großer Zahl erschienen, meistens in einer Auswahl, etwa Rückerts Fassungen in der Manesse-Bücherei.).

Halm, Heinz: *Die Schiiten*. Darmstadt 1988.

Halm, Heinz: *Das Reich des Mahdi. Der Aufstieg der Fatimiden*. München 1991.

Heikal, Mohamed: *The Return oft he Ayatollah. The Iranian Revolution from Mossadeq to Khomeini*. London 1981.

Hofmann, Ingo: *Apokalypse im Umbruch der Zeit. Von frühchristlichen Visionen bis zur neuen Deutung in der Offenbarung des Bâb*. Potsdam 2019.

Klima, Otakar: *Ruhm und Untergang des alten Iran*. Leipzig 1988.

Lerch, Wolfgang Günter: *Die Denker des Propheten. Die Philosophie des Islam*. Düsseldorf 2000.

Lerch, Wolfgang Günter: *Der kosmische Tänzer. Ein Libretto für Fazil Say* (Szenische Darstellung des Dichtens und Denkens von Maulânâ Dschalâl od-Dîn Rûmî, ungedrucktes Manuskript).

Momen, Mojan: *An Introduction zu Shi'i Islam*, Oxford 1985.

Nasr, Seyyed Hossein: *Three Muslim Sages. Avicenna, Suhrawardi, Ibn Arabi*. Ann Arbor, Michigan, 1975 (Nachdruck von 1964).

Nietzsche, Friedrich: *Also sprach Zarathustra. Ein Buch für Alle und Keinen*. In: Friedrich Nietzsche, Gesammelte Werke in zwei Bänden, Band I, München 1967.

Rypka, Jan: *Iranische Literaturgeschichte*, Leipzig 1959.

Saleman, C./Shukovski,V.: *Persische Grammatik*. Leipzig 1947.

Schaeder, Hans Heinrich: *Goethes Erlebnis des Ostens*, Leipzig 1938.

Schaeder, Hans Heinrich: *Der Mensch in Orient und Okzident. Grundzüge einer eurasiatischen Geschichte*, München 1960.

Scharf, Kurt (Hrsg.): *Der Wind wird uns entführen. Moderne persische Dichtung*. Ausgewählt, übersetzt und eingeleitet von Kurt Scharf. Mit einem Nachwort von SAID. München 2005.

Scholl-Latour, Peter: *Allah ist mit den Standhaften. Begegnungen mit der islamischen Revolution*. Stuttgart 1983.

Sobhani, Farhad: *Persisches Lehr- und Lesebuch*. Berlin/New York 1971, 3. Auflage.

Sohrawardî, Shihab al-Din al-Suhrawardi: *Philosophie der Erleuchtung, Hikmat al-ishraq*. Aus dem Arabischen übersetzt und herausgegeben von Nicolai Sinai. Berlin 2011.

* * *